LE LUXE ÉTERNEL

to John Sherry
with my thanks
for his tremendous
speech and
valuable contribution
to the AFM
conference in Montreal
2000

E Roux
Sept-2003.

GILLES LIPOVETSKY
ELYETTE ROUX

LE LUXE ÉTERNEL

De l'âge du sacré au temps des marques

le débat

Gallimard

Présentation

Le livre que l'on va découvrir est composé de deux essais écrits par des auteurs dont ni les problématiques ni les objets d'étude ne sont exactement similaires. Un livre, deux éclairages. L'un se veut une interprétation historico-sociale, l'autre une approche marketing et sémiotique du luxe ; le premier adopte le point de vue de la très longue durée, le second se concentre sur l'identité des marques et leur gestion dans le temps. L'un comme l'autre des essais présentés ici garde son « esprit » propre, plus ou moins rattaché à une tradition théorique ou à une discipline. Nous n'avons pas cherché à délivrer un message commun, chacun d'entre nous ayant poursuivi sa démarche aussi loin que son champ et sa problématisation spécifique le lui permettaient. Les points de jonction existent : il reviendra au lecteur de les relever et de les juger.

Prenons un peu de recul historique. Comme on le sait, dans ses premières expressions, la pensée du luxe s'est construite et développée en fonction de visées éthiques et moralisatrices. Pour la plupart des écoles philosophiques grecques et jusqu'aux Lumières, le luxe, parce que synonyme d'artifices, d'excès et de vanités, ne peut que précipiter l'inquiétude de l'âme et nous éloigner des joies de la simplicité, de l'indépendance, de la force intérieure. Rendant les hommes malheureux par une course sans fin aux faux plaisirs, amollissant le corps et l'esprit, le luxe est, de surcroît, responsable de la corruption des mœurs et de la chute des cités. Incompatible avec le bonheur, entraînant la décadence des peuples, c'est la critique morale qui a commandé l'analyse du luxe jusqu'au XVIIIe siècle au moment où surgissent les premières apologies modernes du superflu et de la richesse.

Avec l'émergence de la sociologie et de l'ethnologie, un tout autre paradigme voit le jour, qui substitue au projet philosophico-moral l'ambition scientifique de conceptualisation des logiques sociales organisant les consommations ruineuses et prestigieuses. Sont mis au premier plan les règles collectives prescrivant la dépense ostensible, les processus de prétention, d'imitation et de distinction sociale qui en sous-tendent le fonctionnement. Les théories du luxe sont alors centrées sur les mécanismes de la demande et les luttes symboliques que se livrent les classes sociales. À bien des égards, nous en sommes toujours là, la pensée dominante du luxe étant restée « immuable » en dépit des bouleversements cruciaux qui se sont produits dans l'ordre du réel historique. Cette grille de lecture touche manifestement à ses limites. Les changements survenus sont tels qu'il est devenu impératif de procéder à un décentrement théorique, à une ample rectification des modèles interprétatifs faisant de la logique distinctive l'alpha et l'oméga du phénomène.

Il y a plus. La nouvelle culture qui s'impose se double d'une nouvelle économie du luxe. Dans ce contexte, les marques, leur conception-communication-distribution ont acquis une surface et une signification nouvelles qu'il importe de déchiffrer au plus près si l'on veut comprendre ce qui se joue d'inédit dans l'univers des biens précieux. À l'heure de l'essor du luxe marketing, il convient plus que jamais de scruter, parallèlement ou conjointement aux métamorphoses de la demande, les stratégies de l'offre dans ce qu'elles ont de spécifique : d'où la lecture marketing du phénomène que l'on trouvera dans cet ouvrage.

Tel qu'il apparaît dans son ensemble, ce livre présente sans aucun doute nombre d'imperfections et d'insuffisances. Les uns le jugeront trop « stratosphérique », considérant l'ambition globalisante affirmée ici impossible à réaliser dans les limites étroites d'un essai. Les autres déploreront la place excessive accordée à l'ultra-contemporain du marché et des stratégies de marques. Le lecteur sera peut-être surpris par les discordances d'optiques, par la juxtaposition de réflexions anthropologiques et d'interprétations marketing, du plus éloigné et du plus proche, du structurel et de l'éphémère, du théorique et de l'empirique. Pourtant, il n'est pas sûr que ce qui est perdu en homogénéité ne soit pas gagné en intelligibilité. Tel est le pari de ce livre. Les mutations en cours sont si profondes que le croisement des perspectives et des temporalités nous est apparu comme une bonne « méthode » pour redonner de l'oxygène à cet objet d'étude, pour mieux mettre en relief les nouveaux dispositifs du luxe, cette sphère où cohabitent maintenant passions « aristocratiques » et passions démocratiques, tradition et innovation, temps long du mythe et temps court de la mode, cette sphère paradoxale où, comme disait Baudelaire dans *Le Peintre de la vie moderne*, l'éternel est tiré du transitoire.

I

Luxe éternel, luxe émotionnel

par Gilles Lipovetsky

Je n'ai aucun goût particulier pour le luxe. Simplement celui de le penser.

En cela, certes, rien d'original tant la question a donné lieu à une longue et vénérable tradition de pensée qui s'ouvre avec la philosophie grecque, trouve son apothéose au XVIIIe siècle avec la fameuse « querelle du luxe » et s'est prolongée au siècle suivant avec les problématisations sociologiques. De Platon à Polybe, d'Épicure à Épictète, de saint Augustin à Rousseau, de Luther à Calvin, de Mandeville à Voltaire, de Veblen à Mauss, pendant vingt-cinq siècles, le superflu, le paraître, la dissipation des richesses n'ont jamais cessé de susciter la pensée de nos maîtres.

S'il m'a semblé nécessaire de rouvrir le dossier et d'ajouter une modeste pierre à un édifice restant toujours, ô combien, source de réflexion, cela tient aux changements cruciaux survenus depuis quelque deux décennies sur la scène du luxe. Désormais celle-ci, pour n'être certes pas tout à fait autre, n'est déjà plus tout à fait la même. Les transformations en cours sont d'une telle ampleur que s'impose l'exigence d'un nouvel examen du phénomène.

Le nouveau se lit d'abord dans le poids économique des industries de luxe. L'époque récente a été témoin d'une forte expansion du marché du luxe, celui-ci étant estimé en

2000, au plan mondial, à quelque 90 milliards d'euros (étude Eurostaf). Encore ces chiffres sont-ils loin de révéler l'état du marché considéré dans sa totalité puisqu'ils n'intègrent pas ceux relatifs au secteur de l'automobile haut de gamme. Signalons seulement à ce sujet qu'en 2001 Mercedes, BMW, Audi et Porsche ont réalisé un chiffre d'affaires s'élevant respectivement à 47,7, 33,5, 22 et 4,4 milliards d'euros. En dépit de certaines difficultés conjoncturelles, nombre d'études prospectives promettent un bel avenir au luxe, l'émergence de nouvelles classes fortunées, la globalisation, l'ouverture de la liste des pays concernés par la consommation de luxe constituant des tendances génératrices d'un fort potentiel de développement du secteur : le Japon est maintenant le premier marché du monde pour les marques de luxe, il réalise à lui seul un tiers du chiffre d'affaires du secteur.

Il y a bien plus qu'une nouvelle surface économique. Depuis plus d'une décennie, le secteur du luxe connaît une véritable mutation organisationnelle, les petites entreprises indépendantes et semi-artisanales d'autrefois ayant cédé le pas aux conglomérats de taille internationale, aux groupes multimarques appliquant, quoique non exclusivement, des méthodes et des stratégies ayant fait leurs preuves sur les marchés de masse. LVMH, premier groupe mondial de marques de luxe, a réalisé un chiffre d'affaires de 12,2 milliards d'euros en 2001 en s'appuyant sur 51 marques présentes dans 65 pays. La même année, le chiffre d'affaires du groupe Estée Lauder s'élevait à 4,6 milliards de dollars, celui de Pinault-Printemps-Redoute (luxe) à 2,5 milliards d'euros. Une nouvelle époque du luxe s'annonce, marquée par l'accélération des mouvements de concentration, par les fusions, acquisitions et cessions de marques sur un marché mondialisé. L'heure est à la financiarisation du secteur sans que pour autant disparaissent les impératifs spécifiques de créativité et d'excellence des produits. Le monde du luxe qui se dessine apparaît ainsi comme une synthèse inédite et antinomienne de logique financière et de logique esthétique, de contraintes de productivité et de savoir-faire traditionnel, d'innovation et de conservation de l'héritage. Autant de tensions structurelles qui assurent son succès et son développement.

Autrefois réservés aux cercles de la bourgeoisie huppée, les produits de luxe sont progressivement « descendus » dans la rue. Au moment où les grands groupes font appel à des *managers* issus de la grande distribution et formés à l'esprit marketing, l'impératif est d'ouvrir le luxe au plus grand nombre, de rendre « l'inaccessible accessible ». De nos jours, le secteur se construit systématiquement comme un marché hiérarchisé, différencié, diversifié, le luxe d'exception coexistant avec un luxe intermédiaire et accessible. Sphère désormais plurielle, le luxe a « éclaté », il n'y a plus *un* luxe mais *des* luxes, à plusieurs étages, pour des publics divers. Par où, au moins occasionnellement, le luxe apparaît comme un bien à la portée de presque toutes les bourses : selon une étude de l'institut Risc, plus d'un Européen sur deux a acheté une marque de luxe au cours des douze derniers mois. D'un côté se reproduit, conformément au passé, un marché extrêmement élitiste ; de l'autre, le luxe s'est engagé dans la voie inédite de la démocratisation de masse.

Dans le même temps, la visibilité sociale du luxe s'est fortement accrue. D'abord par l'effet « mécanique » de l'augmentation du nombre de marques de luxe présentes sur le marché : on en dénombrait, dans le monde, 412 au milieu des années 1990. Ensuite par l'intensification de l'investissement publicitaire et, plus largement, de la médiatisation des marques de luxe. Enfin, on assiste à l'extension des réseaux de distribution dont témoignent à la fois l'ouverture accélérée des boutiques exclusives, les « *corners* » réservés aux grandes marques dans les grands magasins sélectifs, les nouveaux mégastores (1 500 m^2) dédiés au parfum et à la beauté, les chaînes de parfumerie sélective : en 2001, l'enseigne Sephora comptait 385 magasins en Europe, 70 aux États-Unis. D'un côté, fort classiquement, la distribution reste sélective ; de l'autre, se développent des formules de vente et des concepts de magasins (e-commerce, parapharmacie, boutiques *duty free*, grandes surfaces spécialisées) se rapprochant des techniques de la grande distribution (libre service, références pléthoriques). Deux tendances cohabitent : l'une banalise l'accès au luxe et le démythifie, l'autre en reproduit la puissance de rêve et d'attraction par les politiques de prix et d'image.

De surcroît, les attentes et les comportements relatifs aux biens coûteux « ne sont plus ce qu'ils étaient ». Notre époque voit se déployer le « droit » aux choses superflues pour tous, le goût généralisé pour les grandes marques, l'essor de consommations occasionnelles dans des fractions élargies de la population, un rapport moins institutionnalisé, plus personnalisé, plus affectuel aux signes prestigieux : le nouveau système célèbre les noces du luxe et de l'individualisme libéral. Autant de mutations qui invitent à reconsidérer le sens social et individuel des consommations dispendieuses ainsi que le rôle traditionnellement structurant des stratégies distinctives et des affrontements symboliques entre les groupes sociaux.

C'est bel et bien une nouvelle culture du luxe qui grandit sous nos yeux. Elle était l'apanage d'un monde clos, nous voyons se développer le culte de masse des marques, la diffusion des copies, l'expansion de la contrefaçon, laquelle est estimée à 5 % du commerce mondial. À l'ancien univers feutré succèdent l'hypermédiatisation des grandes maisons, la starisation des chefs cuisiniers et des grands *designers*, la prolifération des ouvrages sur les créateurs, les produits fins et l'histoire des plus « beaux objets ». Tandis que les noms des marques les plus prestigieuses s'étalent sur les murs de la ville, le luxe et la mode investissent les programmes de télévision et le web. Là où s'imposait une discrétion un peu solennelle se multiplient des campagnes publicitaires marquées par un esprit humoristique ou « transgressif ». Aux yeux de la génération précédente, le luxe « faisait vieux », il apparaît maintenant « absolument moderne » dans la foulée de la réhabilitation de l'ancien, du « retour des vraies valeurs », du vintage, de l'inflation du mémoriel et de l'« authentique ». D'un côté s'intensifie la soif des nouveautés, de l'autre se trouve plébiscités le « hors d'âge », l'héritage, les grandes marques historiques. Tout ce qui hier faisait figure de conformisme empoussiéré — les croisières, les rituels de la noblesse, les grands bals et les lambris dorés — bénéficie d'une valorisation nouvelle. L'époque a fait volte-face : nous voici saisis par les passions du patrimonial et de l'indémodable, partout sont célébrés les traditions, la continuité, les « lieux de mémoire ». La consécration contemporaine du luxe s'accompagne d'un nouveau rapport à l'héritage, d'une valorisation inédite du passé historique, du désir post-moderne de réconcilier création et permanence, mode et intemporalité.

À la lumière de tous ces phénomènes il est difficile de se déprendre de l'idée que nous assistons à un véritable changement d'époque : un nouvel âge du luxe a commencé qui constitue sa seconde modernité. Le texte qu'on va lire voudrait jeter quelque lumière sur les mécanismes et les ressorts qui sous-tendent l'économie générale de cette mutation.

Penser le dispositif historiquement inédit du luxe : cela pouvait s'envisager de deux manières différentes. Soit rester au plus proche des phénomènes, soit, au contraire, prendre du recul afin d'offrir une vue plus panoramique que microscopique de ce qui a changé. C'est cette seconde option que j'ai choisie, considérant que la plongée dans l'histoire longue était ce qui permettait le mieux de donner tout son sens au présent. Comment le luxe qui s'annonce se rattache-t-il au passé court et lointain ? En quoi rompt-il avec une immémoriale tradition ? Quels sont les grands moments et les grandes structures qui ont marqué le cours millénaire du luxe ? C'est une esquisse de l'histoire du luxe, du paléolithique jusqu'à nos jours, qui est proposée, une histoire structurelle adoptant la perspective de la très longue durée, la seule, à mon sens, qui soit à même de donner sa pleine respiration au problème.

Sans doute dans cette voie sommes-nous loin d'être démunis, nombre d'études historiques et anthropologiques de premier plan offrant des enseignements aussi précieux que profonds sur les symboles, les mentalités et les attitudes liés au luxe dans les civilisations du passé. Mais on ne dispose pas, à ma connaissance, de schéma replaçant le nouveau dans l'histoire universelle du luxe, de modèle présentant les grandes lignes de son devenir, ses étapes les plus significatives, ses discontinuités et ses logiques structurelles considérées dans l'optique du temps long. C'est à pallier ce « manque » que s'attache cet essai. Constituer une histoire du présent, mettre en place une périodisation ou, plus exactement, une ébauche de périodisation faisant ressortir les grands cycles, les bifurcations et réorientations majeures de l'histoire du luxe à l'échelle de l'immense durée : ainsi pourrait-on résumer l'intention qui anime la démarche d'ensemble. Non une histoire empirique, mais une histoire des logiques du luxe.

D'où le caractère inévitablement incomplet, peut-être déséquilibré, du résultat final, lequel livre tantôt un tableau « abstrait » peint en haute altitude, tantôt des descriptions de phénomènes « minuscules » tirés de l'extrême contemporain. « Qui trop embrasse mal étreint » : qui ne connaît les périls inhérents aux « trop » larges interprétations, toujours abusivement simplificatrices au regard de la richesse du concret ? Il m'a semblé, toutefois, que « le jeu en valait la chandelle », qu'il fallait assumer pareils risques si l'on voulait apporter un début d'intelligibilité d'ensemble au phénomène de l'aventure humaine du luxe.

Qu'on me permette encore de livrer quelques réflexions plus subjectives avant d'entrer dans le vif du sujet. Depuis longtemps, les meilleurs esprits ont souligné le caractère universel, anthropologique du luxe. « Le dernier des mendiants a toujours une bricole de superflu ! Réduisez la nature aux besoins de nature et l'homme est une bête », écrivait déjà Shakespeare. Mais si, au travers du luxe, s'exprime bien l'humanité de l'homme, c'est de tout l'homme dont il s'agit, l'homme dans ce qu'il a de grand et de petit, de noble et de dérisoire. Le luxe c'est le rêve, ce qui embellit le décor de la vie, la perfection faite chose par le génie humain. Sans luxe « public », les villes manquent d'art, suintent de laideur et de monotonie : ne donne-t-il pas à voir les plus magnifiques réalisations humaines, celles qui, résistant au temps, ne cessent de nous émerveiller ? Quant au luxe privé, n'est-il pas promesse de volupté, raffinement des plaisirs et des formes, invitation aux plus beaux voyages ? Luxe, mémoire et volupté : il faut être une âme bien sombre pour mener croisade contre ce qui est expression et amour de la beauté, légèreté, moment de bonheur.

Mais il est vrai aussi que le rapport au luxe ne présente pas toujours l'homme sous son jour le plus élevé et le plus généreux. Si les œuvres du luxe sont admirables, on peut se montrer plus réservé sur ce qui motive la folie de certaines dépenses. Et l'amour porté aux choses les plus belles ne signifie pas toujours une aussi belle attention pour les hommes et l'envers moins magnifique du réel. Prendre la défense du luxe ? Il n'en a plus besoin, faute de vrais adversaires. Et ce sont les publicitaires qui s'en chargent mieux que quiconque. Stigmatiser le luxe ? Mais pourquoi s'opposer à l'esprit de jouissance ? Il ne provoque ni la décadence des cités, ni la corruption des mœurs, ni le malheur des hommes. L'apologie comme l'anathème appartiennent à un autre âge : il nous reste à comprendre. Plaisirs des dieux, âmes simplement humaines : sphère merveilleuse mais qui n'échappe pas toujours à l'insolence, miroir où se déchiffrent le sublime et la comédie des vanités, l'amour de la vie et les rivalités mondaines, la grandeur et la misère de l'homme, il est vain de vouloir moraliser le luxe comme il est choquant de le béatifier. Il faut prendre le bon grain avec l'ivraie et Dieu reconnaîtra les siens.

I
Le sacré, l'État et le luxe

Au commencement était « l'esprit ». On sera sans doute quelque peu surpris de trouver pareille proposition « spiritualiste » en ouverture d'une réflexion dont l'objet est communément associé à un plus grand matérialisme. C'est pourtant à une telle conclusion qu'invite l'histoire primitive du luxe. Il faut en effet revenir sur cette conception erronée qui imagine les hommes d'avant le néolithique comme des êtres voués à une condition misérable, hantés par la peur de mourir de faim et de froid, consacrant la totalité de leur temps à la quête d'une nourriture rare. L'anthropologie a apporté un démenti cinglant à cette idée d'économie de pénurie primitive. On est en droit de penser que le luxe, ou plus exactement, une forme de luxe a bien existé avant la domestication des plantes et des animaux, avant l'acquisition des « arts de la civilisation » (textile, poterie, métallurgie), avant les grandes royautés entourées d'ors et de splendeurs. L'humanité n'est pas passée du dénuement de tous à la richesse écrasante de quelques-uns, la parure et la fête, la largesse et le gaspillage étant des phénomènes universellement présents dans la vie des sociétés humaines, fussent-elles les moins développées technologiquement. Le luxe est né avant que ne commence ce qui constitue, à proprement parler, l'histoire du luxe.

ARCHÉOLOGIE DU LUXE

Nul doute que les petits groupes de chasseurs-cueilleurs du paléolithique n'aient eu un niveau de vie objectivement faible. Leurs habitations comme leurs habillements sont rustiques, leurs ustensiles peu nombreux. Mais s'ils ne fabriquent pas de biens de grande valeur, cela ne les empêche pas, à l'occasion des fêtes, de se parer et d'admirer la beauté de leurs ornements. De surcroît et surtout, de vivre dans une sorte d'abondance matérielle, de faire bombance lors des fêtes, de jouir de temps libre et d'une alimentation suffisante acquise sans grand effort. Affichant une attitude d'insouciance délibérée envers le lendemain, ils festoient et consomment en une seule fois tout ce qu'ils ont sous la main plutôt que de constituer des stocks alimentaires. Point de splendeurs matérielles, mais l'absence de prévoyance, une mentalité de dilapidation prescrivant de consommer sans reste, de partager objets et nourritures avec les membres de la communauté locale. Même en situation alimentaire difficile, règnent la prodigalité et les déploiements de générosité, le luxe d'ignorer la « rationalité » économique en vivant au jour le jour, sans compter [1]. Une éthique de luxe, sans objet fastueux : telle est la logique du luxe paléolithique.

Le luxe n'a pas commencé avec la fabrication de biens de grand prix, mais avec l'esprit de dépense : celui-ci a précédé la thésaurisation des choses rares. Avant d'être une marque de la civilisation matérielle, le luxe a été un phénomène de culture, une attitude mentale que l'on peut tenir

1. Sur tous ces points, voir l'analyse classique de Marshall Sahlins, *Âge de pierre, âge d'abondance*, Paris, Gallimard, 1976, pp. 37-81.

pour une caractéristique de l'humain-social affirmant sa puissance de transcendance, sa non-animalité.

Dans les sociétés primitives plus opulentes, là où des biens précieux non utilitaires existent et sont déjà très convoités, ceux-ci sont également redistribués sans trêve. Le phénomène de la *kula* en Mélanésie illustre classiquement cette puissance de l'échange-don cérémoniel dans les formations sociales sauvages [1]. Les indigènes des îles Trobriand entreprennent de grandes expéditions afin d'offrir des objets de valeur (colliers et bracelets d'apparat et de prestige) aux habitants d'îles lointaines : Malinowski compare ces biens aux bijoux de famille européens, aux joyaux de la Couronne. Ce type d'échange se caractérise d'abord en ceci qu'il s'effectue sous forme de dons et non d'opérations commerciales. Dons qui réclament, après un certain laps de temps, des dons réciproques d'égale valeur. Ces prestations et contre-prestations obéissent à des codes précis, obligatoires, cérémoniels, elles s'entourent de rites magiques et ne doivent en aucun cas s'accompagner de troc ou de marchandage. Sont nettement distingués l'échange économique des marchandises utiles et l'échange noble impliquant les biens précieux et prestigieux. Dans le cadre de la *kula*, il est essentiel de se montrer grand seigneur, les dons devant être effectués avec largesse, de façon apparemment désintéressée, sans souci de gain matériel. La règle de l'honneur enjoint la magnificence, une émulation acharnée dans la libéralité. C'est le don dans l'échange cérémoniel, l'esprit de munificence et non l'accumulation de biens de grande valeur qui caractérise la forme primitive du luxe.

Rien n'est plus honni que de se montrer ladre, de ne pas faire acte de générosité. Tous les événements impor-

1. Bronislaw Malinowski, *Les Argonautes du Pacifique occidental*, Paris, Gallimard, 1989.

tants de la vie sociale s'accompagnent d'offres cérémonielles, d'échanges de présents, de distribution de biens, de dépenses ostentatoires. L'estime sociale et les rangs prestigieux se gagnent à coups de présents offerts souvent dans une rivalité exaspérée. Noblesse oblige : les chefs doivent sans relâche faire des cadeaux, patronner des fêtes, donner de grands festins pour conserver leur statut ou rehausser leur prestige. Dans les tribus à potlatch, les chefs gagnent titres et honneurs en rivalisant de magnificence, parfois en défiant d'autres chefs par la destruction somptuaire de valeurs considérables. Afin de se montrer grand, de l'emporter sur les rivaux, il s'agit d'être follement dépensier, brûler ou jeter à la mer ce qu'il y a de plus précieux[1]. Sur ce point, Georges Bataille ne s'était pas trompé qui reconnaissait dans le potlatch « la manifestation spécifique, la forme significative du luxe[2] ». Dans la société primitive ce n'est pas la possession des choses de valeur qui a de l'importance, mais l'élément social et spirituel que comporte l'échange-don, l'acquisition du prestige conférée par la circulation ou la consumation des richesses.

Autant il est vrai que le don et la prodigalité sont des phénomènes observables dans toutes les sociétés primitives, autant on doit s'inscrire radicalement en faux contre les thèses qui interprètent le luxe comme une nécessité de nature prolongeant une « économie » cosmique ou biologique dont la caractéristique serait le gaspillage d'une énergie toujours en excès[3]. Au vrai, il n'y a aucune continuité entre le prétendu luxe de la nature et celui des hommes : même présenté sous forme métaphorique, ce rapport est

1. Marcel Mauss, *Essai sur le don* [1924], in *Sociologie et anthropologie*, Paris, P.U.F., 1960, pp. 197-202.
2. Georges Bataille, *La Part maudite* [1967], Paris, Éd. du Seuil, coll. « Points », p. 123.
3. Telle est la problématique développée par G. Bataille, *ibid.*, pp. 57-83.

inacceptable. La dépense somptuaire primitive ne dérive d'aucun mouvement naturel, elle est un fait ou une règle sociologique, une contrainte collective toujours empreinte de significations mythologiques et magiques. Aucun mouvement spontané n'a conduit les hommes aux duels agonistiques de richesse. Tout à l'inverse, il faut voir dans le luxe-don ce qui a arraché l'homme à ses penchants naturels à la possession ou à la conservation de ce qui lui est immédiatement utile.

Par l'échange symbolique et somptuaire a été institué le primat du social sur la nature, du collectif sur les volontés particulières. Le cycle des dons et contre-dons constitue l'une des voies empruntées par la société primitive pour édifier un ordre collectif dans lequel les individus ne se considèrent pas à part, ne s'appartiennent pas à eux-mêmes. La règle reçue des ancêtres, intangible, fixe impérativement le cadre des comportements à adopter envers les autres et envers les richesses. Donner et rendre généreusement : manière de subordonner l'élément individuel à l'ensemble global, de déterminer à l'avance les façons de se comporter vis-à-vis des autres en assurant la prédominance des relations entre hommes sur les relations des hommes aux choses [1]. Manière encore de contrecarrer les désirs de possession et l'accumulation des richesses dans les mains de quelques-uns. Dans la société primitive, la magnificence est au service de l'indivision de la société, un moyen de conjurer l'apparition d'un organe séparé du pouvoir ainsi que la division entre riches et pauvres. Le don assure le prestige du chef, mais il le place en même temps en situation d'obligé envers la société [2]. Pen-

1. On a reconnu la définition de la société traditionnelle selon Louis Dumont, *Homo æqualis*, Paris, Gallimard, 1977 ; également Claude Lévi-Strauss, *Les Structures élémentaires de la parenté* [1967], Paris et La Haye, Mouton, rééd. 1981, pp. 49-79.
2. Pierre Clastres, *La Société contre l'État*, Paris, Éd. de Minuit, 1974.

dant la plus longue partie de l'histoire humaine, le luxe est ce qui a œuvré avec succès contre la concentration des richesses, contre, également, la domination politique.

Le don somptuaire sauvage n'a pas seulement pour but de prédéterminer le lien entre les hommes et d'obtenir des honneurs, il a aussi des fonctions religieuses, cosmiques et magiques. Dans l'humanité primitive, le luxe, loin d'apparaître comme une réalité séparée, ne se distingue pas des autres phénomènes sociaux et religieux, il s'imbrique ou « s'encastre » dans un ordre global et symbolique où s'enchevêtrent aspects économiques et sexuels, métaphysiques et magiques[1]. Toute la *kula* reposait sur des conceptions mythiques et magiques, note Malinowski ; les biens les plus précieux ne sont jamais considérés comme des biens d'échange économique, ils portent un nom, sont reconnus de nature sacrée et dotés de vertus magiques. Chez les Kwakiutl, chaque chose de grande valeur possède également un nom, une individualité vivante, un pouvoir d'origine spirituelle. Doués de puissance protectrice, gages de richesse, principes religieux d'abondance, de chance et de rang, les cuivres des Indiens du Nord-Ouest américain rendent invincibles les chefs qui les possèdent, ils vivent et demandent à être donnés et détruits[2]. Les biens de luxe ont été à l'origine non seulement des objets de prestige, mais aussi des manières de contracter avec les esprits et les dieux, des talismans, des êtres spirituels, des offrandes et des objets de culte censés être bénéfiques aux vivants comme aux mourants.

L'obligation du don entre les hommes forme système

1. Karl Polanyi, *La Grande Transformation*, Paris, Gallimard, 1983, pp. 71-86 ; également, K. Polanyi, C. M. Arensberg et H.W. Pearson, *Les Systèmes économiques dans l'histoire et dans la théorie*, Paris, Larousse, 1975.

2. M. Mauss, *Essai sur le don*, *op. cit.*, pp. 214-227 et pp. 164-169 ; sur le sens sacré du potlatch chez les Kwakiutl, voir Marshall Sahlins, « Les cosmologies du capitalisme », *Le Débat*, n° 118, janvier-février 2002, pp. 182-186.

avec l'obligation de donner aux esprits et aux morts, de faire des offrandes et des libations pour qu'ils se montrent protecteurs et généreux, conformément à la règle de réciprocité. Lors de certaines fêtes religieuses, il faut consommer avec excès, dépenser avec prodigalité afin que le temps primordial et l'univers soient restaurés. La consommation festive apparaît comme recréation du chaos primitif et source de vie : « L'échange de cadeaux produit l'abondance de richesses », souligne Mauss [1]. Si les hommes sont contraints de donner et de dissiper leurs richesses dans les fêtes, c'est pour que l'ordre du monde tel qu'il a été créé à l'origine se régénère [2], c'est aussi bien pour assurer une relation d'alliance entre les vivants et les morts, les hommes et les dieux dans des cultures où le surnaturel est répandu dans tout le monde sensible, où les forces occultes sont présentes dans les réalités de l'ici-bas. Le luxe n'est pas né mécaniquement d'un surplus de richesses et de progrès technologiques dans la fabrication des objets, il a requis un mode de pensée de type religieux, un cosmos métaphysique et magique. Manière d'attirer sur les hommes protection et bienveillance des forces spirituelles, la prodigalité archaïque s'explique bien plutôt par la conception religieuse des esprits que par l'état des forces productives. Il a fallu la division des réalités visibles et des pouvoirs invisibles, les systemes de pensée magique pour que soient institutionnalisés les échanges ruineux ainsi que les biens précieux dénués d'utilité pratique. Luxe sauvage : non pas « part maudite », mais part promise dans l'échange réciproque entre les hommes et les puissances extrahumaines. La libéralité primitive traduit mieux un système de croyances spiri-

1. M. Mauss, *Essai sur le don, op. cit.*, p. 165.
2. Roger Caillois, *L'Homme et le Sacré*, Paris, Gallimard, coll. « Idées », pp. 123-162.

tuelles qu'un état de richesses. Il faut poser la religion comme une des conditions de l'émergence du luxe premier.

La littérature ethnologique a souligné depuis longtemps la dimension d'antagonisme, de rivalité et de défi que comportaient les dons réciproques de biens. Au sujet du potlatch, les Tlingit parlent de « danse de guerre », d'autres Indiens du Nord-Ouest américain de « guerre de propriété ». Mais guerre symbolique qui a ceci de caractéristique qu'elle permet de procurer la paix à ceux qui procèdent aux échanges de dons. Tout distribuer avec excès, donner des fêtes et des cadeaux outranciers, offrir généreusement l'hospitalité, c'est transformer l'étranger en ami, substituer l'alliance à l'hostilité, la réciprocité aux recours des armes. Les prestations somptuaires agonistiques ne sont ni d'ordre économique ni d'ordre moral : elles visent à instituer de la « reconnaissance réciproque [1] » au travers des cycles d'échanges de présents, à instaurer du lien social et des rapports d'alliance entre groupes étrangers. C'est par la libéralité ostentatoire, les présents et contre-présents richement distribués que la société primitive s'emploie à resserrer le réseau des relations et à conclure des traités de paix. C'est ainsi que par-delà ses folies dépensières, la magnificence primitive se montre au service d'une rationalité sociale supérieure : la volonté de paix. Au lieu de se battre, on s'invite à des festins, on échange sans compter des cadeaux. Si la déraison somptuaire fonctionne comme instrument d'alliance et de

1. Marcel Henaff, *Le Prix de la vérité : le don, l'argent, la philosophie*, Paris, Éd. du Seuil, 2002, pp. 145-207. L'auteur souligne avec raison que l'échange de biens précieux est relation, acte d'alliance entre les partenaires. Mais ses analyses ne prennent pas en compte les fondements magico-religieux du phénomène. Inséparables des systèmes de pensée mythique, les distributions somptuaires ne se réduisent pas à des processus de reconnaissance interhumaine, elles ont également pour finalité d'assurer les cycles de réincarnation, l'incorporation de pouvoirs cosmiques et sacrés, cf. M. Sahlins, « Les cosmologies du capitalisme », art. cité.

silence des armes, tout autorise à l'assimiler, comme nous y invite Marcel Mauss, à une « ruse de la raison » pacifique [1]. « Tuer la propriété » pour gagner la paix, distribuer dans la fête pour ne pas se massacrer, sacrifier les choses pour créer l'alliance, nourrir le lien social et la concorde : telle est la leçon de sagesse des excès somptuaires primitifs.

SPLENDEURS ET HIÉRARCHIE

À l'échelle de la très longue durée, nul doute que l'apparition de l'État et des sociétés divisées en classes ne constitue l'une des ruptures majeures de l'histoire du luxe. Lorsque s'est imposée la séparation entre maîtres et sujets, nobles et vilains, riches et humbles, le luxe n'a plus coïncidé exclusivement avec les phénomènes de circulation-distribution-dé-thésaurisation des richesses, mais avec de nouvelles logiques d'accumulation, de centralisation et de hiérarchisation. Ce nouveau moment historique est celui qui voit surgir les riches mobiliers funéraires [2], les architec-

1. M. Mauss, *Essai sur le don*, *op. cit.*, pp. 277-279 ; M. Sahlins, *Âge de pierre, âge d'abondance*, *op. cit.*, pp. 221-236 ; Lévi-Strauss écrit également : « Les échanges sont des guerres pacifiquement résolues, les guerres sont l'issue de transactions malheureuses », *Les Structures élémentaires de la parenté*, *op. cit.*, p. 78.

2. Dans les sépultures du paléolithique supérieur apparaissent déjà des objets de parure et des fards funéraires. Au début du néolithique, les sanctuaires (Çatal Hüyük, entre 6500 et 5600 avant J.-C.) sont ornés d'un riche décor mural et garnis de figurines en pierre ou en terre à destination religieuse. Des inégalités dans le mobilier existent sans que l'on sache s'il s'agit de marques de « classes » sociales, d'autorités religieuses ou de distinctions prestigieuses acquises au cours de la vie. Ce n'est qu'à partir du IVe millénaire que les sépultures se montrent systématiquement différenciées avec, d'un côté, des tombes pauvres dépourvues ou presque de toute offrande, de l'autre des tombeaux princiers dotés de céramiques fines, de bijoux précieux, d'armements de prestige.

tures et sculptures grandioses, les palais et les cours, les splendides décors et autres somptuosités ayant charge de traduire dans l'emphase la puissance supérieure des souverainetés, qu'elles soient célestes ou terrestres. Symboles resplendissants du cosmos hiérarchique, le faste se rattache aux principes d'inégalité mais aussi aux idées d'inaltérabilité et de permanence, au désir d'éternité. Fin de l'archéologie du luxe : la majesté des édifices impérissables a pris la suite des excès de dilapidation.

Toute la vie des sociétés à ordres s'ordonne autour de la scission ostensible entre biens riches et biens ordinaires. Faste des uns, dénuement du plus grand nombre : partout les sociétés étatiques-hiérarchiques s'accompagnent de l'inégalité des richesses, de la division sociale des manières de posséder et de dépenser, de se loger et de se vêtir, de se nourrir et de se divertir, de vivre et de mourir. Division, également, à l'intérieur même du monde au sommet de la hiérarchie, comme en témoignent les clivages entre luxe sacré et luxe profane, luxe public et luxe privé, luxe ecclésiastique et luxe des cours. Avec l'avènement de la domination politique, des hiérarchies de fortune et du nouveau rapport au sacré qui en constitue le fondement, une page est tournée : le luxe s'impose comme le lieu des œuvres immortelles de la plus haute spiritualité avant d'être celui de l'extrême futilité.

Accorder une importance primordiale à la naissance de l'État, ce n'est pas nier le rôle joué par les techniques et les infrastructures économiques, c'est marquer les limites des interprétations matérialistes de l'histoire du luxe. Pour justifier cette position, je rappellerai seulement deux phénomènes significatifs. Là où la révolution néolithique ne s'est pas accompagnée d'une instance politique supérieure, les manifestations du luxe sont restées dominées par les logiques primitives de dé-thésaurisation. De même, la maîtrise de l'industrie des métaux n'a pas suffi pour détrôner le primat du luxe-don : à preuve, les Indiens d'Alaska, qui fondent et frappent le cuivre, mais continuent à échanger les biens de valeur dans le système agonistique du potlatch. Au regard de l'histoire du luxe, force est de reconnaître que ce sont les bouleversements religieux et politiques qui ont été décisifs. Il ne saurait être question ici d'analyser dans le détail pareils phénomènes hautement complexes et divers : cela dépasserait de beaucoup le cadre de cette étude. Je m'en tiendrai à quelques points essentiels pour le sujet, rien de plus.

Luxe sacré, luxe profane

Dans l'univers paléolithique, le rapport des hommes avec le surnaturel est structuré par les logiques d'alliance et de réciprocité. Les esprits sont présents en toute chose et les rites visent à s'assurer leur collaboration : c'est bien plus comme un rapport d'échange et de réciprocité que comme un rapport de domination que se donne la relation des hommes à l'invisible. Avec l'apparition des premières grandes divinités à visage humain, Êtres suprêmes dont les figures remontent au Xe millénaire, se met en place un imaginaire religieux marqué par une relation de subordination entièrement nouvelle entre l'au-delà et l'ici-bas. À la logique de l'alliance se substitue un ordre du monde plus hiérarchisé, plus vertical qu'horizontal, des divinités « élevées », transcendantes et omnipotentes, plus « hautes » que l'homme [1]. Quand, plus tard, s'impose le dispositif étatique,

1. Jacques Cauvin, *Naissance des divinités, naissance de l'agriculture*, Paris, Flammarion, coll. « Champs », 1997, pp. 102-104 ; également, du même auteur, « L'apparition des premières divinités », *La Recherche*, n° 194, 1987, pp. 1472-1480.

les croyances religieuses célèbrent des dieux qualifiés de tout-puissants, de très-hauts, de sublimes, d'insurpassables, selon un modèle emprunté à l'organisation politique. Les textes et l'iconographie de l'Égypte ancienne révèlent que les divinités ne sont pas toutes reconnues de rang égal : il existe des dieux « grands » et des dieux « petits », les premiers étant installés sur un trône, tenant dans leurs mains les attributs de la vie et de la puissance. Dès le IIIe millénaire apparaît le titre de « roi des dieux » pour désigner le dieu le plus élevé : la forme de la royauté terrestre a été projetée dans l'au-delà céleste [1]. De même, en Mésopotamie, la foule des divinités se trouve classée et ordonnée, dûment hiérarchisée, l'ensemble composant un système étagé, une « pyramide de pouvoirs » à l'image de l'ordre politique [2]. Avec l'État, le rapport au sacré s'est moulé dans la forme du rapport des hommes aux souverains terrestres en même temps que l'instance politique s'est imposée comme un ordre d'essence divin. Le nouvel âge du luxe sera l'écho de ce cosmos théologico-politique hiérarchique.

Ainsi, en Mésopotamie, les dieux sont assimilés à des « seigneurs et maîtres » intervenant dans les affaires du monde comme les rois en leur royaume. De même que les sujets sont sur terre pour servir leur monarque, de même doivent-ils offrir aux puissances célestes le boire et le manger, l'habitation et la parure, tous les biens désirables, une vie opulente et fastueuse convenant à leur majesté. Honorer les dieux, c'est leur garantir une vie luxueuse, leur préparer des banquets festifs, des repas servis dans une vaisselle d'or et d'argent, leur faire offrande de bijoux précieux

1. Erik Hornung, *Les Dieux de l'Égypte*, Paris, Flammarion, coll. « Champs », 1992, pp. 210-211.

2. Jean Bottéro, *La plus vieille religion*, Paris, Gallimard, 1997, pp. 113-115.

et de vêtements d'apparat[1]. Le règne magnificent des rois sert de modèle au culte somptuaire des dieux.

À la base de l'émergence de l'ordre étatique une nouvelle relation entre sphère terrestre et sphère céleste. Avec les premières grandes formations despotiques apparaissent les rois-dieux, les souverains s'offrant comme des incarnations divines, des médiateurs entre l'univers visible et les puissances de l'au-delà. Doté de pouvoirs extra-humains, le monarque de nature divine ou représentant l'autorité céleste suprême sur terre se présente comme le garant de l'ordre et de la prospérité terrestre. L'avènement de la sphère étatique et son corrélat, l'introduction de la dimension sacrée dans l'univers humain ont créé les conditions d'une nouvelle inscription sociale de la somptuosité. Celle-ci va sans doute se concrétiser dans des palais royaux mais, plus encore, dans l'édification des « maisons des dieux », des sanctuaires de style monumental, construits en pierre, utilisant des matériaux riches et nobles (or, bronze, pierres semi-précieuses) dans le but de s'assurer la grâce de la divinité. Remplissant les fonctions religieuses les plus hautes, le roi se doit d'élever des temples magnifiques, de les décorer et de les enrichir fastueusement : c'est aux forces divines que s'adresse avant tout le luxe de l'architecture monumentale. Ériger des demeures sacrées de haute verticalité, des pylônes et des colonnes, des obélisques et des statues rendant manifeste la supériorité ontologique des mandants surnaturels et permettant de rapprocher le Ciel de la Terre deviennent des obligations et des privilèges royaux. Dans ces époques théocratiques, la somptuosité révèle la liaison intime du culte royal et du culte divin.

Les pharaons de l'Égypte ancienne ont parmi leurs plus hautes fonctions celle de bâtir des architectures funéraires

1. *Ibid.*, pp. 229-266.

destinées à assurer leur éternité dans l'au-delà. Dans les pyramides, la chambre funéraire somptueusement ornée, garnie de trésors, devient le lieu même où s'accomplissent les processus de régénération du pharaon en entité divine pour qu'il puisse prodiguer ses bienfaits aux vivants. Art magique, le luxe des âges despotiques est l'accompagnement nécessaire des puissances hiérarchiques dispensatrices de vie et de prospérité. Aux dilapidations sauvages succèdent le style monumental, les constructions de taille héroïque, les « demeures d'éternité ». Médiateur d'immortalité, le luxe s'incarne dans des monuments en pierre créés « pour l'éternité », dans des statues, fresques, mobiliers funéraires comme autant de sortilèges nécessaires à la survie bienheureuse du défunt royal. Le faste n'est pas objet ou image à contempler, il est l'instrument magique facilitant l'accès à la vie éternelle. Impliquant toute une métaphysique du temps et de la mort, il exprime l'espérance d'un temps sans fin, une quête d'éternité. On est en droit, dans ces conditions, de s'interroger sur le bien-fondé d'utiliser ici les catégories de consumation, de « part maudite », de gaspillage : celles-ci sont-elles vraiment pertinentes lorsque le luxe est rendu invisible aux vivants et lorsque sa mission est de garantir la résurrection éternelle ?

Jouant sur terre le rôle d'un dieu, le pharaon « illumine » l'Égypte avec les monuments qu'il érige, recréant ce que le dieu créateur a fait dans les temps primordiaux, transformant le chaos en ordre, donnant une « image de fête » au monde grâce aux couleurs éclatantes des bas-reliefs des temples, la pierre noble des statues, l'or qui recouvre certaines parties des sanctuaires. Le temps est venu des rois divins, grand architecte de la magnificence sacrée. De l'échange symbolique réglé par un code impersonnel et immuable on est passé à un faste soumis, d'une manière ou d'une autre, aux décrets et volontés des rois-dieux.

D'un côté se perpétue l'autorité de la tradition et du passé, de l'autre s'est introduit un élément d'initiative et de changement dans les décisions d'emplacement, dans les constructions et extensions de ce qui existe. Le pharaon ne se contente pas de conserver, il agrandit l'héritage reçu, chaque roi ambitionnant d'ajouter quelque chose à l'œuvre de ses prédécesseurs et de les dépasser, ce dont témoignent l'augmentation des offrandes matérielles, l'évolution des sites funéraires, l'extension des lieux de culte, la richesse des motifs décoratifs [1]. Au nom de la grandeur superlative des dieux et en réponse au désir d'éternité, les signes de la splendeur ont basculé, fût-ce dans la lenteur des siècles, dans le cycle de l'histoire, du changement, du dépassement de ce qui précède [2].

Cela étant, force est de constater que l'irruption de l'État et des sociétés de classes n'a nullement aboli la forme première du luxe-don. Celui-ci, de fait, a perduré pendant de longs millénaires. Prolongeant l'immémoriale obligation de générosité, l'évergétisme gréco-romain a contraint les notables à rivaliser de libéralité, à financer édifices publics, banquets et autres festivités de la cité. C'est en faisant des dons à la collectivité tantôt à titre gratuit, tantôt à titre symbolique (évergésies *ob honorem*) que l'évergète recevait honneurs et distinctions de toute espèce [3]. Le gaspillage somptuaire domine encore l'*ethos* des seigneurs féodaux sous des formes qui rappellent parfois le potlatch agonistique des Indiens d'Amérique du Nord. Marc Bloch cite

1. Erik Hornung, *L'Esprit du temps des pharaons*, Paris, Hachette-Pluriel, 1996, pp. 79-92.
2. Sur la théorisation générale du rôle de l'État par rapport à la dynamique historique, voir Marcel Gauchet, *Le Désenchantement du monde*, Paris, Gallimard, 1985, pp. 26-46.
3. Paul Veyne, *Le Pain et le Cirque. Sociologie historique d'un pluralisme politique*, Paris, Éd. du Seuil, coll. « Points », 1976.

quelques exemples de ce genre : un seigneur ordonne de semer des pièces d'argent un champ labouré ; un autre utilise des cierges coûteux pour la cuisson des aliments ; un autre encore, par ostentation, fait brûler vifs trente de ses chevaux [1]. Rois et seigneurs s'emploient à éblouir en dépensant sans compter butins et revenus, en vivant dans le plus grand équipage, en exhibant des parures somptueuses. Ils se doivent de donner des fêtes riches et abondantes, prodiguer des bienfaits en présence du plus grand nombre de bénéficiaires, le luxe ne se concevant pas sans spectacle de la dilapidation, sans le regard et l'admiration de l'autre. C'est par la prodigalité que les grands acquièrent gloire et honneurs, manifestent leur puissance et leur supériorité hors du commun. Et c'est pour pouvoir se montrer munificents que les chevaliers pillent et ravissent, non pour thésauriser ou favoriser l'essor de l'économie : le code de la dépense improductive est premier. Être noble, c'est vivre sur un grand pied, gaspiller, flamber les richesses ; ne pas être largissime, c'est être condamné à la déchéance.

Partout et à toute époque, les souverains se doivent de posséder et d'exhiber ce qu'il y a de plus beau, d'arborer les emblèmes resplendissants de la majesté, de vivre environnés de merveilles, de pompes et d'ors comme autant d'expressions de leur supériorité démesurée. Dans les immenses palais qu'ils font édifier, la vie de cour est le théâtre du faste et de l'ostentation des richesses. En Mésopotamie et en Chine, les palais sont riches de harems dans lesquels les femmes sont rangées par catégories hiérarchiques. Fêtes, chasses et spectacles sont l'occasion de galas somptueux. Ce grand train de dépenses somptuaires n'est pas réservé au seul roi. Les ducs et les hauts dignitaires, les familles fortunées rivalisent de faste et de prodi-

1. Marc Bloch, *La Société féodale*, Paris, Albin Michel, 1939, pp. 432-433.

galité dans leurs habitations, leurs villégiatures, leurs équipages, leurs parures. Dans les grandes maisons, les mariages comme les enterrements donnent lieu à un déploiement inouï de luxe : voitures, esclaves à cheval, serviteurs de toutes sortes, festins, bois précieux pour les cercueils, c'est à qui engloutira le plus. Point de société étatique-hiérarchique sans l'escalade des signes fastueux de l'inégalité sociale, sans les surenchères ruineuses et les rivalités de prestige par le truchement des consommations improductives. Max Weber et Norbert Elias l'ont fortement souligné : dans les sociétés aristocratiques, le luxe n'est pas quelque chose de superflu, il est une nécessité absolue de représentation découlant de l'ordre social inégalitaire. Tant qu'ont dominé les sociétés dans lesquelles les relations entre hommes sont plus valorisées que les relations entre les hommes et les choses, les dépenses de prestige ont fonctionné comme une obligation et un idéal de classe, un instrument impératif de différenciation et d'auto-affirmation sociale.

À partir de la fin du Moyen Âge et de la Renaissance, la montée du pouvoir monarchique, le « désarmement » de la noblesse, la nouvelle place de la bourgeoisie, tout cela a conduit non à réduire les consommations ostentatoires, mais à intensifier les dépenses de prestige en même temps qu'à élargir les classes de luxe. Dépossédée de ses anciennes prérogatives militaires par l'efficacité des fantassins et des archers à pied, tenue en dépendance par le pouvoir royal, enfermée dans le cercle de la cour, la noblesse se transforme en classe de représentation et de jeux [1]. Promotion du paraître qu'illustreront la vie du courtisan mais

1. Norbert Elias, *La Société de cour*, Paris, Calmann-Lévy, 1974. Pour une vue synthétique et réactualisée de la machine curiale, Jacques Revel, « La Cour », in *Les Lieux de mémoire* (sous la direction de Pierre Nora), Paris, Gallimard, coll. « Quarto », 1997, vol. III, pp. 3141-3197.

aussi des styles de luxe plus décoratifs, plus ludiques, empreints de superfluité. Dans ce cadre, les dépenses somptuaires en matière d'habillement, de bijoux, de voitures, d'hôtels, de domesticité, s'imposent avec d'autant plus de force pour soutenir le rang que la noblesse traditionnelle se trouve concurrencée, sur le plan des signes de richesse, par les grands bourgeois anoblis. Avec la dynamique de l'enrichissement des marchands et des banquiers, le luxe cesse d'être le privilège exclusif d'un état fondé sur la naissance, il acquiert un statut autonome, émancipé qu'il est du lien au sacré et de l'ordre hiérarchique héréditaire. En plein âge d'inégalité aristocratique, le luxe est devenu une sphère ouverte aux fortunes acquises par le travail, le talent et le mérite, une sphère ouverte à la mobilité sociale. C'est ainsi que l'extension sociale du luxe a précédé la révolution de l'égalité moderne. L'âge démocratique ne fera qu'élargir un processus enclenché quelque cinq siècles auparavant.

Art, antiquités et frivolités

Si la volonté de parader et d'être valorisé par les autres au moyen de biens de valeur a sans doute toujours existé, il reste que le luxe, depuis la Renaissance, s'est concrétisé dans des dispositifs inédits. Princes et rois se veulent désormais protecteurs des artistes, ils les comblent d'honneurs et de cadeaux, leur passent commande, les attirent à leur cour. Tandis que l'art et l'artiste acquièrent le sens que nous leur donnons aujourd'hui, le luxe s'engage dans la voie de la culture. Commence un cycle moderne dans lequel les œuvres de grand prix sont signées et les créateurs élevés en personnages de premier plan, rendus célèbres, pleins d'idées de gloire immortelle : luxe va se conjuguer avec œuvre personnelle et création de beauté.

Nobles et riches bourgeois ambitionnent également de s'entourer d'œuvres d'art. Le mécénat, les collections, la possession d'œuvres d'art sont devenus des instruments de prestige dans le monde de l'élite sociale. Sans doute le lien de l'art et du luxe n'est-il pas nouveau. Mais, depuis des millénaires, les grandes œuvres étaient celles qui célébraient les puissances de l'au-delà censées permettre de gagner l'éternité céleste. Cette importance du rapport au temps se prolonge, à cette différence près que ce qui sera visé par les « modernes », ce n'est plus l'éternité dans l'autre vie, mais la survie profane, l'immortalité dans l'histoire, la gloire durable de soi, d'une famille, d'un nom dans la mémoire des hommes. La dimension d'éternité du luxe s'est laïcisée.

À une création artistique qui se dégage de l'anonymat répond une demande faisant elle-même une place plus marquée à la subjectivité. Déjà au XIVe siècle, les mécènes et donateurs demandent aux artistes que leur effigie sur les tombes ou sur les murs de la cathédrale ait une apparence individuelle, un visage ressemblant. L'art du portrait des commanditaires va s'imposer. À partir de 1500, les portraits en miniature se multiplient : encadrés de bijoux, suspendus autour du cou, ne portant pas de nom, ils témoignent d'une recherche de secret, d'intimité, notamment avec celui ou celle qui est absent[1]. Il faut encore évoquer l'essor des collectionneurs et amateurs d'art, phénomène qui implique dans les achats effectués des préférences esthétiques, des choix singuliers, des passions et des goûts particuliers. Par-delà les visées de renommée est apparu un rapport plus personnel, plus esthétique aux biens coûteux, une aspiration plus subjective à une vie plus belle et plus

1. Orest Ranum, « Les refuges de l'intimité », in *Histoire de la vie privée*, t. III, Paris, Éd. du Seuil, coll. « Points », 1985, pp. 246-248.

raffinée, un lien sensuel entre l'homme et les objets précieux. Désormais, souligne avec force Philippe Ariès, les choses sont représentées et aimées pour elles-mêmes comme des êtres chers et non plus seulement comme des symboles de statut et de pouvoir. L'attrait de la beauté, la délectation des belles choses ont acquis une consistance propre dont témoignent les premières natures mortes [1]. La fonction prestigieuse des œuvres ne décline en aucune manière, mais, pour parler comme Werner Sombart, le luxe apparaît simultanément comme une « expression d'érotisme », une réponse au désir de jouir du monde. Signes statutaires, les biens de luxe n'en expriment pas moins l'intensité nouvelle du rapport de l'homme aux choses, la passion du beau, l'appel des plaisirs esthétiques, une attention plus subjective, plus sensible aux choses dans leur singularité.

Thorstein Veblen et, à sa suite, les sociologies de la distinction ont manqué cette dimension érotique du luxe. Les comportements de consommation coûteuse n'étant mus, dans ces problématiques, que par la vanité et les stratégies de classement social, les choses ne valent qu'en raison de leur valeur-signe ou honorifique, jamais pour elles-mêmes. Pourtant, cette dimension sensuelle du luxe existe, elle a pris son envol à partir des XIVe et XVe siècles avec la promotion sociale des valeurs profanes et dans la foulée d'une sensibilité éprise de stylisation, d'esthétisation des formes de vie. Attachement esthétique et passionné aux belles choses, érotique des biens rares : le processus de déclericalisation des œuvres [2] a ouvert les voies modernes de l'individualisation et de la sensualisation du luxe. Il est entré dans son moment esthétique.

1. Philippe Ariès, *L'homme devant la mort*, Paris, Éd. du Seuil, 1977, pp. 133-138.

2. Georges Duby, *Le Temps des cathédrales*, Paris, Gallimard, 1976, pp. 221-327.

L'époque charnière est celle que Huizinga appelle « l'automne du Moyen Âge ». De nouvelles figures du luxe y font leur apparition. À partir du XIVe siècle, en effet, la civilisation occidentale voit surgir deux séries de phénomènes appelés à occuper une place déterminante dans le luxe moderne : les antiquités d'une part, la mode d'autre part. Si ces phénomènes témoignent à coup sûr d'une même tendance à l'esthétisation des goûts dans les milieux fortunés, ils n'en expriment pas moins deux orientations temporelles divergentes, le premier étant centré sur le passé, le second sur le présent. Dès lors l'univers du luxe ira de pair avec tout un ensemble de goûts, de comportements, de « produits » se répartissant selon ces deux axes du temps. Culte de l'ancien, culte du présent fugitif : les nouvelles temporalités du luxe coïncident avec l'avènement de la culture moderne humaniste.

Dans la seconde moitié du XIVe siècle, de nouveaux comportements vis-à-vis du passé et de l'Antiquité, en particulier, voient le jour. Les ducs et autres grands mécènes font copier et traduire les textes latins, deviennent bibliophiles, commanditaires de beaux manuscrits. On recherche les manuscrits des Anciens, mais aussi on déterre les œuvres d'art du passé : les vestiges de l'Antiquité qui, jusqu'alors, n'avaient ni valeur ni signification se transforment en biens précieux et en sémiophores. D'abord en Italie, puis dans toute l'Europe se propage la mode de collectionner les antiquités. Aux XVIe et XVIIe siècles, les collectionneurs se comptent par milliers alors même que s'organise un marché des œuvres d'art et des antiquités, des ventes publiques aux enchères donnant lieu à des compétitions agonistiques mondaines. L'élite riche dépense d'immenses fortunes pour l'achat des raretés antiques : statues, médailles, monnaies, inscriptions, vases, etc. L'univers du luxe s'est enrichi de nouveaux trésors, objets de passions ruineuses :

les antiquités[1]. Orientation des goûts de luxe vers le passé qui ne reconduit nullement l'esprit immémorial de tradition et le respect des Anciens. Il s'agit, bien au contraire, d'une marque même de l'esprit moderne pour autant que s'y expriment un goût de la découverte, un culte esthète ou savant du passé, un regard distancié métamorphosant les œuvres anciennes en objets de pure contemplation. Bien que réelle, la visée de distinction sociale est ici moins significative que l'émergence de nouvelles attitudes esthétiques à l'égard du passé et des œuvres, d'une mentalité moderne et libre détachant celles-ci de leur contexte, les collectionnant « par amour » en dehors de toute imposition collective et religieuse.

Lorsque apparaît l'engouement pour l'ancien surgit en même temps la fièvre du présent, la mode au sens strict et son culte de l'éphémère. Si le luxe plonge ses racines dans la nuit des temps, la mode, elle, avec ses variations perpétuelles, son esthétisation du vêtir, son travail sur les formes du corps constitue une rupture, une invention sociale historique de l'Occident. Elle date du milieu du XIVe siècle. Une nouvelle manifestation sociale du gaspillage ostentatoire se fait jour sous le signe de l'antitradition, de l'inconstance, de la frivolité. Jusqu'alors les changements vestimentaires étaient rares, sinon exceptionnels. Le costume traditionnel long et ample dissimulait le corps, il l'enveloppait comme un tout donnant à la silhouette un air immobile, grave, solennel, en correspondance avec un ordre hiérarchique stable. Sur ce plan, tout change en Europe avec l'apparition du costume court, ajusté, lacé, donnant à voir un corps discontinu et morcelé[2]. Car si la

1. Krzysztof Pomian, *Collectionneurs, amateurs et curieux. Paris, Venise : XVIe-XVIIIe siècle*, Paris, Gallimard, 1987.

2. Odile Blanc, *Parades et parures. L'invention du corps de mode à la fin du Moyen Âge*, Paris, Gallimard, 1997, pp. 21-36.

mode spectacularise le rang social, elle met également en scène le corps de manière emphatique, jouant avec ses formes, les réduisant ou les amplifiant parfois jusqu'à l'extravagance. Désormais, le luxe vestimentaire s'allie avec le caprice esthétique, la recherche de l'effet, l'hyperbolisme ludique.

De rituel ou de coutumier qu'il était le vêtir s'impose comme une sorte de mascarade, de déguisement ludique, parfaitement compatible, au demeurant, avec l'étiquette et le sérieux de la vie mondaine. L'apparition de la mode, c'est la logique du jeu et de la fête (excès, gaspillage) annexant pour la première fois l'architecture de la parure. Non plus l'offrande aux dieux et les rituels traditionnels, mais le jeu intégral des apparences, l'engouement pour les petits « riens », la fièvre des nouveautés sans lendemain. Non plus des monuments élevés en vue de l'éternité, mais la passion de l'inconstance, les folies du présent pur. Avec la mode se met en place la première grande figure d'un luxe absolument moderne, superficiel et gratuit, mobile, délivré des puissances du passé et de l'invisible.

Sans doute les virevoltes de la mode ne peuvent-elles être détachées de l'immémorial *ethos* du gaspillage démonstratif et des luttes symboliques qui ont accompagné l'essor des nouveaux foyers de richesse. Mais ces phénomènes ne peuvent expliquer mécaniquement la manière dont le changement vestimentaire s'est substitué à l'invariance, le caprice à la coutume. Pour qu'advienne pareille logique systématique de déclassement de la permanence, il a fallu la convergence de tout un ensemble de facteurs culturels. Seuls deux d'entre eux seront soulignés ici [1].

1. Pour une analyse plus détaillée, je me permets de renvoyer à mon ouvrage, *L'Empire de l'éphémère. La mode et son destin dans les sociétés modernes*, Paris, Gallimard, 1987, pp. 55-79.

D'abord une culture plus ouverte au changement. S'il est vrai que les temps nouveaux se sont affirmés sous le signe du retour aux Anciens, il est vrai aussi que la fin du Moyen Âge apparaît comme une culture valorisant le changement, une époque consciente d'ouvrir des voies nouvelles. En témoignent de nouvelles formes artistiques, un mouvement de laïcisation de la culture, la passion du rare et du singulier chez les amateurs d'art, le goût des grands voyages, les innovations dans le domaine bancaire et la technique des affaires. Goût de la novation qui précisément orchestre la mode. Celle-ci n'a pu voir le jour que sous-tendue par une attitude mentale inédite valorisant le nouveau et donnant plus de prix au renouvellement qu'à la continuité ancestrale. La mode n'est pas sortie directement des rivalités de classes, elle a supposé un ébranlement culturel non réductible aux événements économiques et sociaux, la promotion de valeurs dynamiques et novatrices seules capables de rendre obsolète l'apparence traditionaliste et de consacrer un système dont le principe est « tout nouveau, tout beau ».

En second lieu, un nouveau rapport à l'individualité. La mode conjugue toujours, disait Simmel, goût de l'imitation et goût du changement, conformisme et individualisme, aspiration à se fondre dans le groupe social et désir de s'en différencier, fût-ce par de petits détails. Si la mode n'a pas toujours existé, c'est qu'elle exigeait comme condition d'apparition une certaine libération de l'individualité, la dépréciation de l'anonymat, le souci de la personnalité, la reconnaissance du « droit » à se mettre en valeur, à se faire remarquer, à se singulariser. À la fin du second Moyen Âge, précisément, un ensemble de phénomènes voient le jour, qui illustrent cette affirmation de l'individualité dans les classes supérieures. Rappelons seulement l'apparition de l'autobiographie, du portrait et de l'autoportrait, la passion de la gloire, les testaments et sépultures personnalisés. La mode est une autre manifestation de ce souci de la particularité de l'individu, quels que soient les mouvements mimétiques qui s'y déploient. Nouveau grand dispositif du luxe, la mode dérive moins de la consommation ostentatoire et des changements économiques que des transformations de l'imaginaire culturel.

II
Luxes modernes, luxes post-modernes

Jusqu'au milieu du XIXe siècle, l'univers du luxe fonctionne selon un modèle de type aristocratique et artisanal. Si, depuis la Renaissance, les artistes ont gagné la gloire, en revanche la plupart des artisans sont inconnus, sans prestige. Le client est maître, l'artisan exécute dans l'ombre. Tandis que la valeur du travail paraît réduite en comparaison de celle du matériau utilisé, l'initiative revient au seigneur ou au grand bourgeois qui passe commande. Fabrication de pièces uniques, primauté de la demande du client, situation subalterne et anonyme de l'artisan, tel est le système qui prévaut dans les temps pré-démocratiques.

LUXE ET MODERNITÉ

Tout bascule avec la modernité. Rien n'illustre mieux la nouvelle logique qui s'impose que l'irruption de la haute couture. Dans la seconde moitié du XIXe siècle, Charles Frédéric Worth en pose les fondements en mettant en place une industrie de luxe consacrée à la création de modèles fréquemment changés et fabriqués aux mesures de chaque cliente [1]. La rupture avec le passé est nette. Tandis que les modèles sont créés en dehors de toute demande particulière, le grand couturier apparaît comme un créateur libre et indépendant. Il était aux ordres, il impose maintenant souverainement ses modèles et ses goûts aux clientes métamorphosées en consommatrices dépossédées d'un réel droit de regard. L'âge moderne du luxe voit triompher le couturier délivré de son ancienne subordination à la cliente et affirmant sa nouvelle puissance à diriger la mode. L'âge d'or du couturier démiurge est né : il va durer cent ans.

Le couturier était un artisan obscur, le voici reconnu comme un artiste sublime, un créateur bénéficiant d'une notoriété, d'un renom exceptionnel resplendissant sur toute la planète. Dignification et consécration démocratique du grand couturier qui prolonge une dynamique inaugurée au XVIIIe siècle au moment où les grands coiffeurs et les « marchandes de mode » sont considérés comme des artistes et acquièrent leurs titres de gloire. À partir du milieu du XIXe siècle, tout un pan de l'univers du luxe se trouve ainsi associé à un nom, à une individualité exceptionnelle, à une maison commerciale riche de prestige. Certains de ces noms, dans la sphère de la mode comme dans d'autres secteurs, ont conservé une place de tout premier plan jusqu'à nos jours [2]. Le produit de luxe s'est personnalisé, il porte désormais le nom du couturier ou d'une grande maison et non plus celui d'un haut hié-

1. Sur Worth et la haute couture, voir Diana De Marly, *Worth, Father of Haute Couture*, Londres, Elm Tree Books, 1980 ; du même auteur, *The History of Couture, 1850-1950*, Londres, Batsford, 1980 ; également G. Lipovetsky, *L'Empire de l'éphémère*, *op. cit.*, Ire partie, chap. II.

2. Daum est fondé en 1875 et Lalique en 1910, Boucheron en 1858, S.T. Dupont en 1872, Hermès en 1837, Louis Vuitton en 1854, Guerlain en 1828, Jeanne Lanvin en 1889. Boucheron s'installe place Vendôme en 1893, Cartier en 1899.

rarque ou d'un lieu géographique. Ce n'est plus seulement la richesse du matériau qui constitue le luxe, mais l'aura du nom et renom des grandes maisons, le prestige de la griffe, la magie de la marque. Dans ce cadre, les compétitions pour le prestige ne s'exerceront plus seulement dans le champ des classes supérieures, mais aussi dans celui des producteurs de biens de luxe.

Avec la haute couture, le luxe devient pour la première fois une *industrie de création*. Sans doute le fonctionnement des grandes maisons demeure-t-il artisanal — le fait main, le sur-mesure, la qualité plutôt que la quantité, le savoir-faire des couturières —, mais s'y déploie également le principe moderne de la série [1], fût-elle courte, les modèles pouvant être reproduits à quelques centaines ou quelques milliers d'exemplaires. La haute couture a promu la *série limitée* un peu avant que ne se propagent — après 1880 — les nouvelles techniques de fabrication industrielle permettant de produire en très grande série les marchandises standardisées. Quelques éléments chiffrés donnent la mesure de la nouvelle dimension industrielle du luxe : 1 200 ouvrières travaillaient en 1873 pour Worth, 4 000 pour Chanel en 1935, 1 200 pour Dior en 1956. Au milieu des années 1930, Chanel fabriquait quelque 28 000 pièces par an ; la haute couture parisienne produisait, en 1953, 90 000 pièces [2].

À quoi s'ajoute la vente aux acheteurs étrangers, américains en particulier, de modèles commandés en plusieurs exemplaires et dans différentes tailles. À elles seules, en 1925, les ventes de la haute couture représentaient 15 % des exportations françaises globales et occupaient le

1. Le mariage de la haute couture avec l'industrie moderne se traduit également dans ses liens avec le parfum. À partir du début du XXe siècle, les couturiers vont lancer ou seront associés à des parfums : Poiret en 1914 avec le « Fruit défendu » (pour la maison Rosine), Chanel en 1921 avec le « N° 5 ».

2. Didier Grumbach, *Histoires de la mode*, Paris, Éd. du Seuil, 1993.

deuxième rang dans le commerce extérieur. Après 1929, afin de faire face à l'augmentation des tarifs douaniers s'est développée la vente des toiles et patrons-papiers aux confectionneurs étrangers avec le droit de les reproduire en série dans leurs pays respectifs. Ces ventes constituaient jusqu'en 1960 environ 20 % du chiffre d'affaires de la haute couture. Autant d'éléments qui révèlent le nouvel ancrage industriel du luxe. Somme toute, c'est comme une formation de compromis que se donne le premier moment moderne du luxe, un compromis entre artisanat et industrie, art et série.

Luxe et demi-luxe

Tandis que la haute couture consacre l'union de l'artisanat d'art et de l'industrie, les progrès de la mécanisation, au même moment, vont permettre l'apparition d'un « demi-luxe », d'un « faux luxe » à moindre prix, destiné aux classes moyennes. L'âge moderne est contemporain du clivage entre, d'un côté, l'authentique, le hors série, le hors de prix et, de l'autre, l'imitation dégradée, standardisée, démocratisée des modèles. L'époque voit déferler une masse de produits « simili » — bijoux, accessoires de toilette, bibelots, statues, tapis, meubles, verreries, papiers peints, etc. — mis à la portée d'une clientèle plus large, réalisés dans des matériaux moins riches et imitant des originaux prestigieux [1]. La première forme de démocratisation du luxe coïncide non avec la diffusion sociale des produits ruineux, mais avec la propagation de la copie et de l'ersatz, du néo-ancien et d'articles compensant leur imper-

1. Philippe Perrot, *Le Luxe. Une richesse entre faste et confort, XVIIIe-XIXe siècle*, Paris, Éd. du Seuil, 1995, pp. 125-156.

sonnalité par la redondance, les ornementations surchargées, la prolifération d'ajouts, les surenchères expressives : elle se déploie sous les auspices du *kitsch* comme style et art de vivre bourgeois.

Le grand magasin offre une illustration à grande échelle de ce demi-luxe démocratique. Dans la seconde moitié du XIXe siècle s'élèvent des magasins fondés sur de nouvelles méthodes commerciales (prix bas et fixes, entrée libre, diversité de la gamme des produits, publicités) et visant à stimuler la consommation des classes moyennes. En abaissant les prix, le grand magasin a réussi à « démocratiser le luxe », plus exactement à transformer certains types de biens jadis réservés aux élites fortunées en articles de consommation courante, à promouvoir l'acte d'achat d'objets non strictement nécessaires. Mais il y a plus, tant il est vrai que les grands magasins sont conçus pour apparaître comme d'extraordinaires spectacles, des palaces de lumière et de couleurs, des merveilles resplendissant de tous leurs feux. Les façades surmontées de coupoles, les statues, le style ornemental, les dômes dorés transforment le grand magasin en un monde étincelant, en féerie monumentale et marchande, en « palais de conte de fées [1] ». Profusion de marchandises, vitrines, étalages somptueux des articles, concerts, tapis et tentures d'Orient, tout est fait pour sublimer l'objectif utilitaire du grand commerce, transcender sa dimension matérialiste en apparaissant comme un spectacle éblouissant de fête, d'excès et de faste. À quoi s'ajoutent les prix attractifs, les soldes, ventes spéciales, articles d'appel qui créent une sorte d'univers magique et alimentent l'image du don et de la prodigalité. Le grand magasin

1. Michael B. Miller, *Au Bon Marché, 1869-1920*, Paris, Armand Colin, 1987, p. 181. Sur les grands magasins aux États-Unis, William Leach, *Land of Desire*, New York, Vintage, 1993.

se dresse comme une puissance marchande dispensant en prime spectacles et beautés, abondance et richesses. À ceci près que l'ancien spectacle agonistique s'est métamorphosé en univers marchand sans défi ni réciprocité. L'envie irrésistible d'acheter et les « bonnes affaires » ont remplacé l'échange cérémoniel réciproque. Au temps sacré et rituel des fêtes fait suite le temps accumulatif, permanent de la consommation. De la magie des rites et des paroles sacrées il ne reste plus que celle des prix et des choses, nouvelle promesse de bonheur des classes moyennes. Dans les temps démocratiques, le luxe se combine avec le « bon marché », l'excès avec le calcul économique, le gaspillage avec l'indispensable, le vertige avec les excitations et les distractions quotidiennes du shopping. Non plus le culte noble de la dépense somptuaire, mais celui du standing, du confort, du bonheur privé des dames et des hommes.

Mais le kitsch du demi-luxe est loin d'épuiser la question tant il est vrai que s'est déployée, dans le même temps, l'esthétique nouvelle de la discrétion. D'un côté l'entassement et les gratuités ornementales, de l'autre la révolution de l'*understatement* moderne. Depuis le fond des âges, le luxe, parce que au service de la grandeur céleste, royale et aristocratique, est inséparable de l'excès des signes visibles, d'une théâtralité ostentatoire. Tout change avec les temps démocratiques. Dans les sociétés où l'autre est reconnu comme un semblable, la tendance est de réduire les marques criantes de l'altérité humaine et de la puissance. L'habit noir masculin du XIXe puis, avec « retard », la révolution des années 1920 dans la mode féminine concrétisent le processus démocratique de disqualification de ce qui « écrase » l'autre, de ce qui entrave la reconnaissance réciproque. Il n'est plus de vraie élégance que discrète et euphémisée : est né ce que Balzac appelle le « luxe de simplicité ».

Rejet de l'emphase décorative que l'on retrouve à partir du début du XXe siècle dans le monde de l'architecture et des objets sous l'impulsion de nombre de courants d'avant-garde artistique. Partout l'esprit moderniste s'est insurgé contre le kitsch, la tradition ornementale, l'esthétique superfétatoire au bénéfice du rigorisme abstrait, du dépouillement figuratif, du style angulaire et géométrique. Luxe à coup sûr toujours distinctif, mais qu'on ne peut faire sortir exclusivement des affrontements symboliques en vigueur dans les classes supérieures. L'esthétique moderniste de l'habitat et des objets a matérialisé les recherches plastiques des artistes, de nouvelles représentations de l'espace et du temps, un nouveau rapport au monde et aux autres, à l'hygiène et à la lumière, au confort et à l'intimité. Même le luxe a enregistré les idéaux démocratiques, les nouvelles aspirations de l'homme moderne au bien-être matériel, à la liberté, au refus du passé et de la tradition qui accompagnent inexorablement la fin de l'univers aristocratique.

VERS UN LUXE MARKETING

Où en sommes-nous aujourd'hui ? Depuis une ou deux décennies, tout donne à penser que nous sommes entrés dans un nouvel âge du luxe : il constitue son moment post-moderne ou hyper-moderne, mondialisé, financiarisé. Jusqu'alors le secteur du luxe s'arc-boutait sur des sociétés familiales et des fondateurs-créateurs indépendants. Ce cycle est terminé, qui laisse place à des géants mondiaux, à de grands groupes aux chiffres d'affaires colossaux, cotés en bourse et fondés sur un large portefeuille de marques prestigieuses. L'univers économique et entrepreneurial du luxe a changé d'échelle : les traditionnelles luttes de concurrence pour le prestige sont supplantées par les « guerres du luxe », les opérations de fusion et d'acquisition, les mouvements de concentration et de restructuration en vue de constitution d'empires industriels internationaux. Le luxe s'est mis à l'heure des méga-entités, de la mondialisation, des *stock-options*, des stratégies de groupe sonnant le glas des petites maisons indépendantes en même temps que des créateurs-artistes souverains. S'il est vrai que le luxe est un secteur tout à la fois économique et non économique [1], force est d'observer que dans ce complexe hybride, c'est de plus en plus le pôle économique et financier qui domine, imposant sa loi au développement des produits, aux achats et ventes des marques, aux introductions en bourse en vue de taux de marges à deux chiffres. À l'âge sublime-artistique du luxe a succédé son moment hyperréaliste et financier dans lequel création et recherche de forte rentabilité sont devenues inséparables.

Le modèle antérieur avait réussi la combinaison d'une logique industrielle et d'une logique artisanale. Dans cette alliance, cependant, la dimension artisanale l'emportait, la reproduction des modèles étant limitée et exécutée sur mesure. Sur ce plan, nous assistons à un renversement de tendance : c'est désormais la logique industrielle de la série qui apparaît souveraine. En témoigne de façon exemplaire l'effondrement du pôle sur mesure de la haute couture au profit des parfums et des accessoires, du prêt-à-porter et des produits vendus sous licence. Ce n'est plus dans l'opposition du modèle et de la série que se construit le

1. Elyette Roux et Jean-Marie Floch, « Gérer l'ingérable : la contradiction interne de toute maison de luxe », *Décisions Marketing*, n° 9, septembre-décembre 1996.

luxe, le hors série ne représentant plus qu'un secteur marginal. Rappelons seulement que les parfums sont produits à des centaines de milliers d'exemplaires et les séries du prêt-à-porter de luxe à plusieurs milliers de pièces. Même le luxe supérieur n'échappe plus à la loi des grandes séries industrielles. En 2001, BMW et Audi ont vendu respectivement 900 000 et 720 000 voitures. Mercedes, qui va lancer dans deux ans le « Vision GST », mélange de monospace et de 4×4 grand luxe, prévoit d'en produire 100 000 par an. La copie en grand nombre n'est plus du demi-luxe.

Alors que les grandes marques de luxe lancent de plus en plus d'articles accessibles (parfums, accessoires...), les groupes industriels de grande consommation affichent leur volonté d'investir les segments supérieurs du marché. Ce phénomène de « montée en gamme » est particulièrement significatif dans le secteur automobile. Renault montre aujourd'hui son ambition de percer dans le haut de gamme en commercialisant l'« Avantime » et la « Vel Satis ». Tandis que « Renault créateur d'automobiles » remplace « les voitures à vivre », le haut de gamme devrait représenter, selon les objectifs du constructeur, 12 % de son chiffre d'affaires européen en 2003, contre 8 % en 1999. Après avoir acquis Audi, Bentley, Bugatti, Lamborghini, Volkswagen fait son entrée sur le segment du luxe avec sa limousine « Phaeton ». Le luxe est toujours élément de différenciation sociale, mais il fonctionne également de mieux en mieux comme outil de *management* des marques grand public, le prestige du très haut de gamme rejaillissant sur l'ensemble des modèles. Parce que les performances et la fiabilité des automobiles se nivellent, l'attrait d'une voiture est renforcé par la présence dans la gamme de modèles supérieurs archétypes du savoir-faire de l'entreprise. On voit ainsi se multiplier les modèles de luxe qui non seulement créent de la marge mais qui, en même temps, enrichissent la réputation du groupe. Si les grands constructeurs d'automobiles de masse investissent le segment du luxe, les marques de prestige, comme il se doit, poussent toujours plus vers le haut. Mercedes, qui proposait déjà sa luxueuse « Classe S », annonce la sortie d'une « méga-limousine », la « Mayback » de six mètres de long vendue 300 000 euros. La suprématie démocratique et industrielle de la logique de la série signifie tout, sauf déclin des excès ruineux et nivellement du luxe.

À son époque héroïque la haute couture avait à sa tête un artiste créateur imposant souverainement ses goûts à une clientèle riche. Cette époque est achevée, les collections du prêt-à-porter des grandes marques étant beaucoup moins capricieuses, beaucoup moins versatiles, davantage à l'écoute des attentes et des goûts plus ou moins formulés des clients. Les diktats des couturiers, les grandes révolutions stylistiques de la mode n'ont plus cours ou n'ont plus d'impact très visible : Tom Ford a remplacé Yves Saint-Laurent. Après cent ans d'un cycle de luxe artistique dominé par les studios de l'offre, voici le temps du luxe marketing centré sur la demande et la logique du marché.

Porté par une demande en forte expansion [1] et marqué par une concurrence féroce, l'univers du luxe tend à s'engager dans des pratiques analogues à celles observables sur les marchés de masse : explosion des coûts de lancement et de la publicité, communication « choc » ou transgressive, inflation de lancement de nouveaux produits [2], raccourcissement de la durée de vie des produits, suren-

1. Selon une étude de la banque Merryll Lynch, on comptait dans le monde, en 2000, 7,2 millions de personnes possédant plus d'un million de dollars en épargne. À présent, 57 000 personnes détiennent un patrimoine financier supérieur à 30 millions de dollars.

2. Le phénomène dépasse les secteurs de la mode et du parfum : BMW prévoit de commercialiser vingt nouveautés au cours des six prochaines années.

chère des offres promotionnelles sur le marché des parfums et des cosmétiques, exigence de résultats financiers à court terme[1]. Il est vrai que toutes ces nouvelles stratégies ne sont pas inéluctables et vouées à une fuite en avant illimitée tant elles peuvent avoir des effets pervers sur le plus long terme. Elles n'en traduisent pas moins l'entrée fracassante des industries de luxe dans l'ère du marketing.

LE LUXE ÉMOTIONNEL

S'il convient de parler d'un nouvel âge du luxe, cela ne tient pas uniquement aux transformations observables dans la sphère de l'offre, mais aussi aux métamorphoses qui s'enracinent dans la demande, dans les aspirations et les motivations, dans les rapports qu'entretiennent les individus avec les normes sociales et avec les autres, avec la consommation et les biens rares. Individualisation, émotionnalisation, démocratisation, tels sont les processus qui réaménagent la culture contemporaine du luxe.

Reconnaissons que, à première vue, le phénomène de la consommation de luxe semble plutôt marqué par une continuité sociale-historique que par la discontinuité. Il n'est guère douteux, en effet, que dans divers milieux richissimes (monarques, princes, magnats industriels et financiers) se perpétue la traditionnelle fonction sociale des dépenses somptuaires ostentatoires. Exhiber son niveau de richesse, dépenser en pure perte, se montrer large et mécène, rien de tout cela n'a disparu et continue de fonctionner, à

1. Elyette Roux, « Le luxe : entre prestige et marché de masse », *Décisions Marketing*, n° 1, janvier-avril 1994.

bien des égards, comme norme sociale obligée. Même à des niveaux inférieurs, la consommation des nouvelles couches fortunées des *traders* et autres *golden boys* semble toujours relever de l'effet Veblen. Depuis les années 1980, les nouvelles élites du monde économique affichent sans complexe leurs goûts pour les produits de luxe et les symboles de statut social. Aux États-Unis, plus qu'en Europe, les classes riches tirent gloire d'étaler leur fortune en tant que signes de valeur et de réussite individuelle, validation d'un projet économique et social [1]. De toute façon, outre-Atlantique comme sur le Vieux Continent, les idéaux de la frugalité puritaine aussi bien que ceux de la contestation sont épuisés, voici le luxe et ses marques de prestige réhabilités, de moins en moins controversés, redevenus à la mode [2]. L'époque contemporaine fait reculer les oukases de la mode, mais elle voit triompher le culte des marques et des biens rares. Le snobisme, le désir de paraître riche, le goût de briller, la recherche de la distinction sociale par les signes démonstratifs, tout cela est loin d'avoir été enterré par les ultimes développements de la culture démocratique et marchande.

Rien, donc, de nouveau dans le rapport des hommes aux autres et aux consommations coûteuses ? La réalité est autrement plus complexe. Une remarque importante de Veblen donne le sens du changement en cours. En exhibant sa richesse, souligne-t-il, « non seulement on fait sentir son importance aux autres, non seulement on aiguise et tient en éveil le sentiment qu'ils ont de cette importance, mais encore, chose à peine moins utile, on affermit et préserve toutes raisons d'être satisfait de

1. Bruno Rémaury, « Luxe et identité culturelle américaine », *Revue française du marketing*, n° 187, 2002, pp. 49-60.
2. Danielle Allérès, *Luxe...Stratégies-Marketing*, Paris, Economica, 1997, pp. 5-6.

soi[1] ». La passion du luxe n'est pas exclusivement alimentée par le désir d'être admiré, de susciter l'envie, d'être reconnu par l'autre, elle est aussi sous-tendue par le désir de s'admirer soi-même, de « jouir de soi-même » et d'une image élitaire. C'est cette dimension de type narcissique qui est devenue dominante. La réduction du poids du jugement de l'autre qui accompagne le néo-narcissisme contemporain ne signifie pas celle de l'importance du rapport de soi aux autres. Dans un temps d'individualisme galopant, s'affirme le besoin de se détacher de la masse, de ne pas être comme les autres, de se sentir un être d'exception. Ainsi les motivations élitistes demeurent, mais elles sont moins fondées sur les visées d'honorabilité et d'ostentation sociale que sur le sentiment de la distance, la jouissance de la différence procurée par les consommations rares et l'écart qu'elles creusent avec le commun[2]. Si une pente de la dynamique post-moderne de l'individualisme conduit à « vivre pour soi », à être moins tributaire de l'opinion d'autrui, à privilégier ses émotions intimes, une autre pente pousse à se comparer aux autres pour se sentir exister « plus », marquer sa particularité, construire une image positive de soi pour soi-même, se sentir privilégié, autre que les autres. Les sentiments élitistes, l'exigence de se comparer avantageusement aux autres n'ont rien de nouveau, mais ils se recomposent aujourd'hui à partir de la logique même du néo-individualisme, plus pour soi qu'en vue de l'estime de l'autre.

Même la traditionnelle logique de distinction sociale porte la trace de la dynamique individualiste. L'univers du luxe ne fonctionne plus exclusivement selon l'opposition

1. Thorstein Veblen, *Théorie de la classe de loisir* [1899], trad. de l'anglais par L. Évrard, Paris, Gallimard, coll. « Tel », 1970, p. 27.

2. Dans une perspective aristocratique, Nietzsche souligne le « plaisir de se savoir différent », *Par-delà le Bien et le Mal*, § 260.

classique des plus riches et des moins riches, des dominants et des dominés, des héritiers et des parvenus. Pour toute une catégorie de consommateurs de produits de grand luxe (stars, idoles, etc.) il s'agit non tant d'être affilié à un groupe ou de témoigner d'un état de richesse que d'exprimer une personnalité singulière, une originalité, un goût personnel affranchi des formes et décors conventionnels. Aujourd'hui, le luxe est plus au service de la promotion d'une image personnelle que d'une image de classe.

Les changements de fond ne s'arrêtent pas là. Depuis la nuit des temps, les dépenses somptuaires se sont agencées en fonction de règles sociales contraignantes, tantôt sacrées, tantôt profanes, mais de toute façon synonymes d'un encadrement rigide des conduites individuelles par l'ordre collectif. Sur ce point, nos sociétés enregistrent un bouleversement profond, tant il est vrai qu'elles fonctionnent moins sous le signe de l'obligation sociale que sous celui de l'arbitrage individuel. À l'apparat et au train de vie socialement imposés dans les classes supérieures a succédé un luxe libre, non conformiste, « sans obligation ni sanction ». Émerge ainsi une consommation coûteuse, affranchie des prescriptions sociales, transcrivant la montée des aspirations et des motivations individualistes. Dépenses ruineuses ici, achats « économiques » là, la consommation de luxe est en voie de *désinstitutionnalisation*, parallèlement à ce qui est à l'œuvre dans les sphères de la famille, de la sexualité, de la religion, de la mode, de la politique. Partout la culture néo-individualiste s'accompagne de l'émancipation des sujets vis-à-vis des anciennes contraintes d'appartenance et de l'érosion corrélative de l'autorité des normes collectives. Diversification des modèles de vie, affaiblissement de la puissance régulatrice des institutions sociales et des contrôles de groupe, c'est un individualisme dérégulé, optionnel, qui caractérise le moment dit post-moderne.

Cette poussée de l'autonomie des individus n'a pas épargné la consommation en général et la consommation de luxe en particulier, celle-ci se déployant tendanciellement selon une logique désunifiée, décoordonnée, à géométrie variable. Ce que l'on appelle de nos jours les « bourgeois bohème » n'est que l'une des dernières illustrations de la promotion d'une culture post-conventionnaliste, dépareillée et éclectique, sous-tendue par le principe de libre disposition de soi. Le consommateur de luxe idéal-typique est désormais à multi-faces, il emprunte ses modèles à différents groupes, il mélange différentes catégories d'objets de différents prix et de différents styles. La mobilité, l'hybridation, le disparate ont pris la relève du luxe guindé « comme il faut ».

Désinstitutionnalisation, individualisation, cela signifie en même temps émergence d'un rapport plus affectif, plus sensible aux biens de luxe. Bien sûr, cette dimension est loin d'être nouvelle, celle-ci se manifestant de manière évidente au moins depuis la Renaissance. Pour autant, dans l'ensemble, le luxe était associé à des contraintes plus ou moins cérémonielles témoignant de la priorité des impositions collectives sur les goûts subjectifs. À cet égard, le changement auquel nous assistons mérite d'être souligné. Sous la poussée du néo-individualisme, de nouvelles formes de consommation dispendieuse voient le jour, qui relèvent bien plus du régime des émotions et des sensations personnelles que des stratégies distinctives pour le classement social. Au travers des dépenses coûteuses, hommes et femmes s'emploient moins à être socialement conformes qu'à éprouver des émotions esthétiques ou sensitives, moins à faire étalage de richesse qu'à ressentir des moments de volupté. Invitation au voyage, invitation aux délices des cinq sens, le luxe s'identifie tendanciellement à une fête privée, à une fête des sens. La quête des jouissances privées a pris le pas sur l'exigence d'affichage et de reconnaissance sociale : l'époque contemporaine voit s'affirmer un luxe de type inédit, un luxe émotionnel, expérientiel, psychologisé, substituant la primauté des sensations intimes à celle de la théâtralité sociale.

Longtemps le luxe s'est confondu avec la montre, le décor, le spectacle ostentatoire de la richesse : l'artifice, la parure, les signes visibles à destination du regard de l'autre en constituaient les manifestations prédominantes. Ceci ne disparaît pas, mais de nouvelles orientations sont apparues qui témoignent du recul des symboles honorifiques au profit d'attentes centrées sur le vécu immédiat, la santé, le corps, le mieux-être subjectif. D'ores et déjà, les produits de soin se classent au premier rang des ventes des produits cosmétiques, loin devant les produits de maquillage. Les thalassothérapies, les centres de soin et de remise en forme, les relais santé sont en plein essor. La chirurgie esthétique enregistre un boom sans précédent. Tous les palaces aménagent maintenant des lieux de ressourcement, offrent des soins adaptés aux attentes de forme, beauté, relaxation, détente, amincissement, harmonisation énergétique. Les *spas* de luxe se multiplient. D'un côté, la logique du paraître est toujours aussi prégnante, comme en témoigne la spirale des soins de beauté, mais le déplacement en cours n'en est pas moins significatif : l'important n'est plus de mettre bien en vue sa fortune, mais de paraître jeune et de rehausser sa beauté. De l'autre, les pratiques de luxe s'engagent dans des voies moins soumises au primat du regard, dominées qu'elles sont par la quête de la santé et de l'expérientiel, du sensitif et du bien-être émotionnel. Théâtre des apparences, le luxe tend à se mettre au service de l'individu privé et de ses sensations subjectives. Un luxe pour soi.

Le droit au luxe

Le processus de subjectivisation du luxe ne se limite pas aux pratiques de consommation, il s'exprime jusque dans les manières d'en parler et de le définir. Les conversations courantes sont à cet égard instructives, chacun s'autorisant de nos jours à donner sa propre définition ou interprétation du « vrai » luxe : l'individu est devenu la mesure du luxe. C'est ainsi que celui-ci peut être identifié à des phénomènes aussi différents que le temps libre, la qualité de vie, l'amour, l'harmonie intérieure, la responsabilité, la liberté, la paix, l'action humanitaire, le savoir, la nature [1]. La poussée de l'individualisme a conduit à la volonté de se réapproprier, sur un mode idéologique et subjectiviste, une sphère inaccessible, définie par des critères matériels. Une dernière forteresse hiérarchique tombe — idéologiquement s'entend — sous les coups de l'imaginaire démocratique, en célébrant un luxe pluriel, à la carte, émancipé des critères impersonnels du prix. Tout se passe comme si l'individu contemporain et ses aspirations à l'accomplissement intime était devenu réfractaire à une définition restrictive du luxe susceptible de lui interdire l'accès à ce qui est associé au rêve, aux voluptés et aux beautés superlatives. Alors que les produits rares et chers ne cessent de réinscrire des barrières objectives et de l'écart social, la culture post-moderne embrasse le perspectivisme ou le subjectivisme comme expression de l'exigence démocratique du droit au bonheur et au luxe.

Le luxe pour qui ? Le temps n'est pas si lointain où la consommation et les styles de vie étaient orchestrés par

1. Par exemple, Saphia Richou et Michel Lombard, *Le Luxe dans tous ses états*, Paris, Economica, 1999, chap. VIII.

l'opposition des « goûts de luxe » en vigueur dans les classes riches et des « goûts de nécessité » caractéristiques des classes populaires. Aux unes le raffinement et la distance aux simples plaisirs des sens, les emblèmes électifs, le léger et le souci des formes ; aux autres des pratiques excluant les gratuités et les « manières », transfigurant les contraintes objectives en préférences et conduisant à choisir systématiquement le pratique, le simple, le nécessaire [1]. Cette fermeture de l'univers des possibles se concrétisait généralement chez les gens de peu par l'idée : le luxe « ce n'est pas pour nous ». Mais que reste-t-il de cet *ethos* aujourd'hui ?

Un des effets majeurs de la culture consommationniste-individualiste est qu'elle a bouleversé profondément le rapport des individus aux « choses » et au « nécessaire ». S'affirment massivement, de nos jours, les demandes de qualité des produits et de l'environnement, de protection et d'information des consommateurs. Le phénomène de la montée du « haut de gamme » est manifeste : tous les observateurs de la consommation signalent le déclin de la consommation des produits « populaires » relevant du « goût de nécessité » au bénéfice du marché de la qualité et des produits « spéciaux ». Le souci de l'alimentation saine et diététique est général, le « léger » ne cessant de gagner du terrain par rapport au « lourd ». De même, les voyages et les loisirs, l'idéal du mieux-être et du mieux-paraître ont cessé d'être des normes élitistes. Point, certes, d'homogénéisation généralisée des pratiques et des goûts, mais une culture plus fluide, marquée par le décloisonnement social des comportements, une réduction très significative des enfermements et des étanchéités de classes, en vigueur il y a peu encore. Plus personne ou presque dans nos sociétés ne vit en ayant pour objectif l'acquisition du strict « nécessaire » : avec

1. Pierre Bourdieu, *La Distinction*, Paris, Éd. de Minuit, 1979, pp. 198-230.

l'essor de la consommation, des loisirs et du bien-être, le « superflu » a gagné ses titres de noblesse démocratique, il est devenu une aspiration de masse légitime.

En même temps s'intensifient les attitudes préventives et correctrices (santé, sports, régimes, chirurgie esthétique). Dans tous les groupes, les personnes luttent contre les signes du vieillissement et les excès de poids. Partout s'imposent, en lieu et place des traditionnelles attitudes de résignation, d'acceptation du « destin » et des conditions sociales, l'exigence du progrès indéfini du niveau de vie, le goût des nouveautés et des marques de prestige, le droit à la qualité, à la beauté, aux loisirs. L'époque post-moderne est contemporaine de la levée des anciens tabous de classe, de l'érosion des inhibitions populaires relatives aux consommations coûteuses. Tout jeune trouve maintenant normal d'accéder aux marques « branchées » ; la fascination pour la consommation, les marques et le « toujours plus » s'est affranchie des frontières de classes. À l'ancien « interdit » attaché au luxe a succédé cette idée : « Le luxe, pourquoi pas pour moi ? »

Cette tendance n'est pas seulement idéologique, elle se concrétise dans l'essor, depuis les années 1970, d'une consommation « occasionnelle » de produits de luxe dits « intermédiaires » ou « accessibles » portés par des catégories sociales moyennes, parfois modestes. Montée du « droit » aux emblèmes électifs, diffusion élargie d'articles de prestige achetés comme cadeaux, coups de cœur, passions esthétiques, l'âge post-moderne est le théâtre d'une démocratisation des désirs et des achats de luxe. Bien entendu, les désirs d'ostentation, le snobisme, le « m'as-tu vu » y ont toujours leur part, mais ils ne doivent pas occulter ce qui a changé dans l'ordre des motivations. Bien plutôt *cadeau* que l'on s'offre à soi-même ou à ses proches que prétention de classe, ces dépenses occasionnelles s'apparentent fréquemment à un voyage de rêve, à une « folie » permettant de rompre la banalité des jours. Désormais, il s'agit non tant d'« épater la galerie » que de vivre des « expériences » inédites, de se faire plaisir, d'accéder à des moments privilégiés. Nombre de fois, ces consommateurs occasionnels n'ont nullement pour but d'afficher une image de standing supérieur, ils *jouent* à être riches, ils s'amusent seulement, pour un temps limité, à changer de « rôle », à revêtir de nouveaux habits. Aux compétitions statutaires succède une consommation distanciée, ludique, sans défi ni réel enjeu symbolique. Ne reste qu'une participation au second degré à un univers qui, sans être de « notre monde », n'est plus tout à fait étranger. *Mimicry* a détrôné *agôn*[1].

Précisons de nouveau : il n'y a point disparition des passions distinctives. Simplement, ce qui était au cœur des consommations ruineuses n'est plus qu'un élément dans un ensemble motivationnel à foyers multiples. En ce domaine, les luttes symboliques ont perdu de leur ancienne centralité. De même que dans la mode les femmes ne portent plus que ce qu'elles aiment, ce qui leur « va », de même tout un ensemble de biens de luxe sont-ils acquis en tant que promesses de bonheur, oasis de plaisir, de beauté, de mieux-être. Les logiques de prétention et de distinction de classe peuvent subsister, elles ne constituent plus la colonne vertébrale des consommations de luxe, désormais largement restructurées par une dynamique subjective et affectuelle. C'est ailleurs que se livre l'essentiel des luttes pour la reconnaissance sociale.

Subjectivisation, démocratisation de la relation au luxe : autant de bouleversements qui sont à rattacher à l'ère de la

1. Sur ces dénominations, voir Roger Caillois, *Les Jeux et les Hommes*, Paris, Gallimard, 1967.

consommation et de la communication de masse. En diffusant à grande échelle la norme du bonheur privé, en consacrant les référentiels du bien-être, du plaisir et des loisirs, l'univers des choses et des médias a miné les morales de la résignation, du sacrifice et de l'épargne. Simultanément, le culte du corps et le psychologisme ont sanctifié la vie au présent, tout ce qui contribue à l'expression et à l'épanouissement personnel. À mesure que le bien-être et l'amour de soi s'imposent comme des finalités légitimes de masse, chacun peut prétendre à ce qu'il y a de meilleur et de plus beau, chacun veut pouvoir jouir sans limites *a priori* du présent et des merveilles du monde. Pourquoi ne pas profiter de ce qu'il y a de mieux sur cette terre ? Pourquoi se priver ? Au nom de quoi ? Les nouvelles exigences démocratiques de luxe ne s'enracinent pas dans le jeu des affrontements symboliques de classes. Elles ne résultent pas davantage d'une prétendue escalade de l'envie, des frustrations et insatisfactions qui prendraient possession des individus à mesure que la prospérité s'accroît et que les distances sociales s'amenuisent. Elles viennent simplement parachever le consommationnisme, le sacre des jouissances privées, le droit démocratique au bonheur. C'est la culture de masse matérialiste et psychologique qui a été le grand vecteur de la démocratisation de la relation au luxe.

LUXE ET DÉFI

Depuis la nuit des temps, les conduites somptuaires ont eu partie liée avec le défi interhumain, la surenchère et la compétition agonistique des signes. Dans le potlatch Tlingit ou Kwakiutl, les chefs s'affrontaient en rivalisant de générosité ; les mécènes grecs et romains s'employaient à surpasser tous leurs prédécesseurs par la splendeur de leurs cadeaux au peuple. Le luxe a été à ce point orchestré par les consumations ruineuses que les puissances royales n'ont cessé de promulguer, entre le IXe et le XVIIIe siècle, en Europe, tout un ensemble d'édits somptuaires destinés à enrayer le gaspillage des matériaux précieux et le brouillage des distinctions sociales.

À partir du XIXe siècle, on l'a vu, est apparue, pour la première fois, une dynamique en quelque sorte adverse s'employant à célébrer un luxe « démocratique », moins dominateur, moins « tape-à-l'œil ». Le moment post-moderne ou hyper-moderne prolonge cette voie. Non seulement au travers de l'esthétique de la discrétion, mais aussi en promouvant un luxe plus défensif qu'agressif. Dans une époque perçue comme menaçante, prolifèrent les dispositifs de protection maximale, les résidences de luxe sécurisées et vigilisées vingt-quatre heures sur vingt-quatre, les villas dotées de clôtures, de poste de garde, de systèmes d'alarme et de vidéo-surveillance [1]. À l'escalade de la pompe et du décorum succèdent la surenchère des équipements de contrôle et de surveillance, l'obsession sécuritaire et sanitaire. Avant Michael Jackson, le milliardaire américain Howard Hughes vivait déjà terrorisé par les microbes et les virus, isolé du monde, ne communiquant plus avec lui qu'au moyen de médiums. De plus en plus, le haut niveau de sécurité devient un argument majeur de l'offre de luxe. Des analystes affirment que la motivation des clients de l'immobilier de luxe est fortement dominée par l'exigence de sécurité des biens et des personnes. « Bien sûr, le B.A.-BA

1. Robert Reich rapporte que la sécurité privée est l'un des secteurs d'activité dont la croissance est la plus rapide aux États-Unis : « En 1990, les gardiens privés formaient 2,6 % de la population active totale, une proportion deux fois plus forte qu'en 1970 » (*L'Économie mondialisée*, Paris, Dunod, 1993).

du luxe se décline en marbres et bois précieux omniprésents, piscine et jardins obligatoires. Sans oublier l'atout numéro un, la Sécurité. Un coffre-fort dissimulé dans un placard dans un appartement surveillé par une caméra elle-même reliée à un poste de gardiennage, lui-même relié directement à la police monégasque, sans doute la plus efficace au monde. Voilà le comble du luxe » : au luxe agonistique succède le luxe paranoïaque.

Le secteur automobile illustre également cette nouvelle combinaison du luxe et de la sécurité. Depuis 1965, avec la « Classe S Mercedes », surnommée « coffre-fort roulant », la recherche de la sécurité optimale apparaît au premier plan de l'argumentaire de la marque allemande. La thématique sécuritaire est devenue omniprésente dans la promotion de toutes les voitures de luxe : sécurité « passive » conçue pour diminuer ou éliminer les blessures lors d'un accident (habitacle de sécurité, airbags frontaux et latéraux, rideau gonflable), mais aussi sécurité « active » construite pour permettre au conducteur d'éviter un accident (freins, accélération, copilotage électronique). À quoi s'ajoute, sur un autre plan, le verrouillage automatique des portes empêchant d'ouvrir la voiture de l'extérieur, les vitres latérales feuilletées, les installations de système anti-agression. Un équipementier propose maintenant un système d'identification des empreintes digitales qui interdit aux personnes non autorisées d'ouvrir les portes et de remettre en route le moteur une fois arrêté. Dans une époque hantée par le désir de sécurité, le luxe de protection prime sur l'emphase des signes somptuaires et ses défis symboliques, il importe moins de l'emporter sur l'autre que de bénéficier du plus haut niveau de sécurité.

Aussi soulignée soit-elle, cette tendance sécuritaire ne signifie nullement que la sphère du luxe ait été expurgée de ses anciens liens avec la logique du défi et du prestige.

D'abord tout un ensemble de comportements somptuaires — achats d'œuvres de maîtres, enchères, mécénat — perpétue la tradition des compétitions agonistiques de type aristocratique. Ensuite, on voit se développer des types de dépenses astronomiques finançant des activités « gratuites » mais fortement marquées par le défi, la compétition, la course à la renommée et à l'image : la compétition sportive automobile en est l'illustration exemplaire. Rappelons la hauteur colossale des budgets des écuries de Formule 1 qui dépassent généralement cent millions d'euros pour atteindre quatre fois cette somme dans le cas de Ferrari. Nul n'ignore que ces dépenses ne sont pas réalisées en pure perte, mais en vue de la notoriété des marques et des sponsors. Il n'en reste pas moins que c'est dans des spectacles ou des exploits fondés sur le défi, la compétition et le risque qu'elles se concrétisent.

Aujourd'hui, les sponsors parrainent moins les projets artistiques qu'ils n'aident à réaliser des exploits et des performances sportives spectaculaires et à risque. Depuis les années 1980, on observe l'essor du financement d'activités dangereuses et « gratuites », le *sponsoring* des courses en solitaire, rallyes, raids dans le désert, expéditions dans le Grand Nord, sauts en parapente du sommet de l'Éverest. Il est légitime de parler à leur sujet de pratiques de luxe, non seulement parce que nombre d'entre elles coûtent très cher et exigent un parrainage, mais aussi parce que s'y déploient un spectacle « pour rien », une course aux records, la volonté ostensible de « faire une première » en défiant le temps, l'espace, l'âge, le corps. Le lien du luxe avec le principe de surenchère et d'excès n'a pas été défait, à cette différence près qu'il donne lieu maintenant à des pratiques de défis plus hyperréalistes et émotionnalistes que symboliques. À la scène agonistique des signes somptuaires succèdent des activités « extrêmes » s'accompagnant d'épuisement, de faim, de soif, d'accidents et de risques [1]. Ce n'est plus la théâtralité de la richesse qui importe, mais les frissons subjectifs de l'aventure, le sentiment d'un soi victorieux, l'intensité des sensations intimes procurées par des expériences limites où entrent le risque et le rapport à la mort.

Nul ne peut dire comment s'illustrera à l'avenir le luxe émotionnel. Mais déjà Denis Tito, premier touriste spatial de l'histoire, a dépensé plus de vingt-deux millions d'euros pour une semaine à bord de la station spatiale internationale. Apparaît un luxe qui n'est plus interhumain mais « extraterrestre », en quête de voyage sidéral et de sensations inconnues. Le principe du défi demeure, à ceci près qu'il n'est plus lancé aux autres hommes mais à la pesanteur, à l'espace, à la perception, à notre séjour terrestre. Non plus éblouir l'Autre, mais être ébloui par l'arrachement à la planète Terre, par la splendeur du cosmos et le « silence éternel des espaces infinis ».

La publicité et la communication des marques de luxe s'emploient elles-mêmes, maintenant, à récupérer la dimension de défi en exploitant la veine de la transgression. Parade fétichiste dans les défilés haute couture de Dior ou Givenchy, images sexe chez Gucci, clins d'œil à l'orgie chez Versace, au lesbianisme, à la masturbation, à l'androgynie chez d'autres créateurs. Un récent visuel Dior affiche : *Addict*. Avec le « porno chic » — déjà passé de mode au demeurant — le monde du luxe a troqué son image de respectabilité contre celle de la provocation, de l'antitabou, du sensationnalisme.

Un défi purement ludique, sans risque ni enjeu, faut-il ajouter, en ce que l'ordre sexuel dans les sociétés libérales s'est largement émancipé des critères moraux : les marques

1. David Le Breton, *Passions du risque*, Paris, Métailié, 1991, pp. 130-161.

jouent la provocation au moment où le sexe n'offusque plus grand monde. Reste que ce ne sont plus les symboles de la richesse qui apparaissent au premier plan, mais des signes « osés », destinés essentiellement à *rajeunir* l'image de marque des maisons de luxe. Aujourd'hui, le défi n'a plus de finalité statutaire, il fonctionne comme *lifting* communicationnel. Lorsque la mode n'est plus le théâtre de grandes ruptures stylistiques, lorsque le vêtir n'est plus signe honorifique et cesse d'être animé par les compétitions pour le prestige, le luxe s'attache à recréer, d'une autre manière, un spectacle d'excès, une nouvelle « débauche » de signes. La surenchère qui n'existe plus, ni dans l'offre ni dans la demande, reparaît au plan de la « communication » marketing. Non plus prendre le pas sur les autres par la somptuosité ostensible, mais faire parler de soi en affichant une différence provocante de « liberté ». Quand la mode se détache des ruptures avant-gardistes et des rivalités agonistiques, il reste le défi comme simulacre et show médiatique.

III
La féminisation du luxe

Si le luxe est un phénomène de classe, il n'est pas qu'une manifestation de classe. S'y exprime également une logique sociale que trop d'analyses sous-estiment : celle des rôles et des places impartis aux deux sexes. Au travers du luxe se lisent non seulement des stratégies de distinction sociale mais aussi la manière dont est construite et pensée la différence sexuelle. Réinterpréter la question du luxe implique aujourd'hui la réévaluation du rôle et de l'importance de la division sociale des genres.

Dans nos sociétés, le luxe apparaît comme une sphère plus en connivence avec le féminin qu'avec le masculin, plus associée à l'univers des goûts féminins qu'à celui des hommes. Il existe, bien sûr, différents biens de luxe (automobiles, jets privés, yachts, alcools, cigares) fortement marqués par la dimension masculine, mais, dans l'ensemble, ceux-ci appartiennent plus au monde des femmes qu'à celui des hommes. Il ne s'agit pas de prix et de chiffre d'affaires réalisés sur le marché, mais d'imaginaire et de « surface » sociale. Bijoux, mode, accessoires, fourrures, lingerie, parfums, produits de beauté et de soins, maroquinerie, décoration de la maison, arts de la table, autant de secteurs qui témoignent de la place prédominante du féminin dans le domaine de la consommation de luxe.

Cela étant, il convient de souligner que cette primauté féminine, loin de constituer un invariant historique, s'impose comme un phénomène relativement récent et exceptionnel dans l'histoire. Ce n'est, en effet, qu'à l'aube de la modernité, aux XVIIIe et XIXe siècles, que s'est enclenché le processus de féminisation du luxe et ce, à contrecourant de la traditionnelle suprématie mâle. Avec ce renversement de tendance, les sociétés modernes ont introduit une rupture majeure dans l'histoire du luxe dont nous sommes toujours les héritiers.

D'où l'inévitable question : pour combien de temps encore ? Comment ne pas s'interroger sur l'avenir d'un pareil dispositif dissymétrique dès lors que nos sociétés se fondent sur l'idéal d'égalité entre les genres ? Féminisation du luxe : logique d'un âge antérieur appelé à se déliter ou bien dispositif régénéré par la dynamique même de l'individualisme ?

LE LUXE, APANAGE DES HOMMES

Pendant la plus longue partie de son histoire, le luxe s'est construit sous le signe du primat masculin. Ainsi dans les sociétés primitives, ce sont les chefs, exclusivement masculins, qui sont engagés dans les joutes de générosité en vue de la reconnaissance prestigieuse. Inférieure à l'homme, ne pouvant accéder au rang de *leader*, la femme est exclue, en tant qu'acteur, des systèmes de prestations et de contre-prestations honorifiques. Les comportements nobles de libéralité sont un privilège d'hommes. Au même titre que la guerre, la prodigalité a constitué un des grands vecteurs de l'institutionnalisation du pouvoir masculin. Le luxe primitif se confond moins avec la « part maudite » qu'avec la part honorifique de l'homme.

Pareille suprématie masculine est également manifeste dans le monde gréco-romain. Pour les Anciens, le luxe dont bénéficie la Cité est digne ; en revanche, ce qui apparaît comme luxe personnel, témoignage d'inutilité civique, est blâmé. Comme l'écrit Cicéron : « Le peuple romain déteste le luxe privé et il aime que la magnificence soit publique [1]. » Élever un temple est noble ; se faire construire un palais somptueux pour soi éveille l'hostilité en tant qu'attitude mue par l'orgueil, le dédain, la volonté de se montrer supérieur aux autres citoyens. Mais il est aussi un luxe privé qui suscite la réprobation, c'est celui des femmes qui se préoccupent de leur toilette, qui se parent de bijoux et se fardent. Le luxe féminin des artifices pour « se faire belle » est partout objet de dénigrement, condamné en tant qu'« art de tromperie » et de dissimulation [2].

Il en va tout autrement de la libéralité des évergètes, qui s'accompagne d'honneurs et de gloire. Mais faire largesse au profit de la Cité est affaire masculine en ce que l'évergétisme s'est développé autour des fonctions publiques, municipales et sénatoriales, militaires et impériales, toutes fonctions réservées aux hommes. Cantonnées dans la vie privée, les femmes ne jouent aucun rôle dans la vie politique. Sans doute a-t-il existé des magistratures et des évergésies féminines [3], mais celles-ci sont restées rares. Les surenchères de générosité et les honneurs publics qui en résultent sont des prérogatives du masculin.

À la fin du Moyen Âge, dans une civilisation où tout est sacrifié au paraître, où tout est prétexte à spectacles, à

1. Cité par P. Veyne, *Le Pain et le Cirque*, *op. cit.*, p. 462.
2. Bernard Grillet, *Les Femmes et les fards dans l'Antiquité grecque*, Lyon, C.N.R.S., 1975.
3. P. Veyne, *Le Pain et le Cirque*, *op. cit.*, p. 750, note 261.

l'éclat des ornements, des parures et des décors, les hommes sont au premier rang des dépenses ruineuses et des compétitions provocantes. Détenteurs du pouvoir, ils sont les personnages les plus en vue dans les outrances de la somptuosité, le renouvellement des parures, les changements spectaculaires de la mode. La révolution vestimentaire du XIVe siècle s'accompagne en effet de la suprématie des hommes dans l'ordre du vêtir. Tandis que la constance du vêtement féminin contraste avec la plus grande diversité des parures masculines, celles-ci présentent les audaces les plus innovatrices. La naissance de la mode en Occident a coïncidé avec la promotion du masculin comme « étalon du paraître [1] ». L'inventaire des garde-robes dans la Rome de la Renaissance révèle la place prépondérante des hommes dans les caprices de la mode [2]. Cela sera toujours vrai au XVIIe siècle où l'habillement féminin est beaucoup plus sobre que celui des hommes et subit moins de transformations que le costume masculin. Est-il nécessaire de rappeler que les édits somptuaires prohibant les excès luxueux du vêtement visaient indistinctement les deux sexes ? Dans les sociétés à ordres, hommes et femmes des couches supérieures sont astreints à la même règle d'affichage emphatique de la distance sociale : les hommes nobles et riches se « ruinent » en dépenses vestimentaires égales, sinon supérieures à celles des femmes. Encore à la veille de la Révolution, hommes et femmes dans l'aristocratie de Versailles sont coude à coude en ce qui concerne la valeur de leurs garde-robes [3].

1. O. Blanc, *Parades et parures*, *op. cit.* (*supra*, p. 42, n. 1), p. 216.
2. Diane Owen Hughes, « Les modes », in *Histoire des femmes*, Paris, Plon, t. II, 1991, p. 150.
3. Daniel Roche, *La Culture des apparences*, Paris, Éd. du Seuil, coll. « Points », 1989, pp. 113-114.

Prééminence masculine qui n'a pas empêché les prédicateurs et les auteurs moralistes de lancer leurs flèches principalement contre les femmes qui se fardent et dont la parure est perçue comme ruse, luxure, instrument de séduction. Faite à l'image d'Ève, tentatrice, inconstante, la femme est intimement associée à l'apparence et à la mode. À la Renaissance, Cesare Vecellio note l'impossibilité qu'il y a à recenser les costumes féminins « parce qu'ils sont plus sujets aux changements et plus variables que les formes de la lune [1] ». Au début du XVIIe siècle, Grenaille déclare que la mode est « déesse » et non dieu en ce qu'« elle est une maladie de femme, si c'est une simple passion des hommes [2] ». La femme est par essence du côté du paraître et de la vanité : « Les femmes n'aiment que les rubis », dit un ancien proverbe [3]. Si le luxe vestimentaire a été un spectacle plus masculin que féminin, ses dénonciations les plus virulentes ont visé fort classiquement les femmes et leur rouerie.

LE GRAND RENVERSEMENT

Ce n'est qu'au XVIIIe siècle que s'opère le basculement historique constitutif de la féminisation du luxe. Dès cette époque, les caprices, les extravagances, les raffinements de la mode sont devenus plus caractéristiques du féminin que du masculin. C'est alors le triomphe des marchandes de mode, ces « artistes » en ornementation de la toilette dont

1. Cité par D. Owen Hughes, « Les modes », art. cité, p. 153.
2. Cité par Louise Godard de Donville, *Signification de la mode sous Louis XIII*, Aix-en-Provence, Édisud, 1978, p. 144.
3. Cité par Jean Delumeau, *La Peur en Occident*, Paris, Fayard, 1978, p. 442.

les factures exorbitantes s'adressent à une riche clientèle féminine[1]. Tandis que se développe un journalisme de mode visant avant tout un public féminin, les normes de consommation des deux sexes en matière vestimentaire se clivent nettement. Autour de 1700, tant dans la noblesse d'épée que dans la noblesse de robe, la valeur des garde-robes féminines atteint déjà le double de celle des vestiaires masculins. À la fin de l'Ancien Régime, les femmes issues des couches bourgeoises et populaires dépensent au moins deux fois plus pour leur habillement que leur mari[2]. À l'exception peut-être de la haute aristocratie, les superfluités de la mode, les dépenses et passions vestimentaires sont devenues chose plus féminine que masculine.

Le XIXe siècle a systématisé et institutionnalisé cette prééminence féminine dans l'ordre du paraître, de la mode et du luxe. La haute couture en constitue la clé de voûte. Avec celle-ci apparaît une industrie de grand luxe exclusivement destinée aux femmes ; désormais, seule la mode féminine brille de tous ses feux, s'affirmant comme phare de l'apparence, pièce maîtresse de l'éphémère et de la dépense somptuaire. Le partage des apparences coûteuses n'obéit plus seulement à la division des classes, mais aussi à celle des genres. Aux femmes les parures fastueuses aux prix ahurissants ; aux hommes l'habit noir et austère, symbole des nouvelles valeurs d'égalité et d'épargne, de rationalité et de discipline, de mesure et de rigueur. L'âge moderne démocratique naissant s'est accompagné d'une dépossession masculine des

1. Un habit de cour fourni par Mme Éloffe est facturé, en 1787, 2 049 livres, soit la valeur de plus de 2 000 journées de travail. Pour la seule année 1785, la Reine devait à Rose Bertin près de 90 000 livres : voir D. Roche, *La Culture des apparences*, *op. cit.*, pp. 309-310. À titre de comparaison, dans les couches populaires et bourgeoises, la garde-robe féminine valait en moyenne respectivement 92 et 200 livres.

2. D. Roche, *La Culture des apparences*, *op. cit.*, pp. 110-117.

signes du paraître dispendieux et, simultanément, d'une consécration sans pareille des emblèmes resplendissants du féminin. « Vitrine » de l'homme, la femme, par le truchement du vêtir, se voit chargée d'afficher la puissance pécuniaire et le statut social de l'homme.

La femme, devanture de la fortune du père, du mari ou de l'amant ? Cela est indéniable. À condition, cependant, de ne pas s'en tenir à la seule fonction de consommation vicariante assimilant le rôle représentatif de la femme à celui des domestiques et autres gens de maison portant livrée [1]. D'autres facteurs extérieurs au code du gaspillage ostentatoire par procuration ont eu un rôle primordial. Ces facteurs s'enracinent dans les systèmes de valeurs et de représentations relatives à la différence sexuelle, dans les rôles et attributs impartis aux hommes et aux femmes.

Invoquant la nature, la raison et le bonheur, les modernes se sont employés à systématiser, à discipliner le partage des rôles sexuels de la même manière qu'ils ont normalisé et quadrillé dans le détail les opérations du corps. L'exigence de rationalisation sociale et la volonté de réaffirmer la hiérarchie masculine traditionnelle se sont conjuguées pour associer de manière systématique les femmes à l'espace privé et au décoratif, les hommes à l'espace public, à la domination politique et économique. Aux femmes la séduction des apparences ; aux hommes l'ascétisme de la tenue, expression de la nouvelle éthique de l'égalité et du travail. Admirée en tant que mère et épouse, célébrée comme « religion de pureté, de douceur, de poésie... de bonté, de civilisation [2] », vénérée pour ses charmes et ses grâces, dans tous les cas, la femme est assimilée au genre

1. Th. Veblen, *Théorie de la classe de loisir*, *op. cit.*, pp. 119-120.
2. Michelet, *La Femme* [1859], Paris, Flammarion, coll. « Champs », 1981, p. 279.

qui ne s'appartient pas, incapable d'accéder à la pleine souveraineté de soi. Destinée « par nature » à s'occuper des enfants et à plaire, la femme n'est censée se réaliser qu'en existant pour l'autre, en vue du désir et du bonheur de l'autre : « La femme ne vit pas sans l'homme », écrit Michelet. Ainsi, de même que les femmes ne peuvent accéder au bonheur que dans l'amour et le dévouement familial, de même se doivent-elles d'apparaître comme le plus bel ornement de l'homme, « fleur », décor, idole parée pour le désir de l'homme. Faite pour séduire et être le charme de la vie sociale, la femme est vouée à l'artificialité du paraître. Au travers du clivage moderne des apparences s'est exprimé le refus de reconnaître la femme comme être autonome s'appartenant à lui-même. Dans la féminisation du luxe, il y a plus qu'une stratégie distinctive des classes fortunées [1] : il s'agit aussi d'un instrument de reproduction de la « femme mineure », de la dépendance féminine vis-à-vis de l'homme, d'un moyen destiné à magnifier dans l'éclat des signes la femme comme décoration et agrément de la vie, être-pour-le-regard de l'homme.

D'où le rôle primordial joué par le culte de la beauté féminine. Point de primat du luxe féminin sans la continuité séculaire d'une culture célébrant en hymnes émerveillés la supériorité esthétique du deuxième sexe. À partir de la Renaissance, peintres et gens de lettres ont porté au pinacle la beauté féminine qui se dégage peu à peu de sa traditionnelle diabolisation. Les charmes féminins étaient « l'arme de Satan », les voici objets de louanges dithyrambiques et considérés comme l'image de la divinité, le « chef-d'œuvre de Dieu [2] ». Il a fallu cette dignification de

1. À partir du XVIIIe siècle, c'est dans toutes les classes sociales que se déploie la primauté du paraître féminin.

2. Sur l'idolâtrie du « beau sexe » à partir de la Renaissance, voir mon ouvrage, *La Troisième Femme*, Paris, Gallimard, 1997, pp. 113-128.

l'esthétique féminine pour que s'opère le renversement moderne du luxe au bénéfice du féminin. Personnifiant la beauté, la femme « mérite » les emblèmes matériels superlatifs qui en soulignent l'éclat et la valeur : plus rien n'est assez beau ni assez cher pour signifier et rehausser le beau sexe. La féminisation moderne du luxe n'est pas seulement affichage distinctif par procuration, elle est théâtralisation du prix accordé à la beauté féminine. Dans la continuité avec le passé, le luxe couronne toujours la différence hiérarchique, à ceci près que celle-ci n'est plus seulement sociale mais sexuelle-esthétique. Exposant de la valeur accordée à la beauté féminine, la prééminence du luxe féminin exprime l'assignation de la femme au devoir de plaire, d'être belle *à tout prix*.

Une dernière catégorie de phénomènes a contribué de manière décisive au processus de féminisation du luxe : il s'agit de la célébration de la femme au foyer et de son corrélat, la femme consommatrice. Avec les modernes est apparu le modèle de la « maîtresse de maison », de la femme assignée exclusivement aux tâches d'épouse, de mère et du « gouvernement de l'intérieur ». Parce que préposée à la vie privée, à l'éducation des enfants, à la marche de la maison, la femme s'affirme comme l'acteur principal de la consommation et la cible première de l'offre marchande. L'âge moderne a permis la symbiose inédite de la femme et de la consommation : c'est elle, à partir du XIXe siècle, qui dirige la consommation, se perd dans les délices de l'achat, passe des heures à faire du « lèche-vitrines », s'informe des nouveautés du commerce, se trouve saisie du besoin incoercible de consommer dans les grands magasins[1]. L'acte de consommer est devenu un divertissement féminin, une occupation-compensation, un

1. M. B. Miller, *Au Bon Marché*, *op. cit.*, pp. 179-191.

substitut aux diverses frustrations de la vie sociale et affective. En confinant la femme dans la sphère privée, la modernité bourgeoise a créé la femme consommatrice : signalons que, dans les années 1920, 70 à 80 % des achats de détail étaient effectués par les femmes [1]. Bien sûr, dans les ménages bourgeois, l'homme tient les cordons de la bourse et donne chaque semaine ou chaque mois à l'épouse l'argent nécessaire. Les « gros » achats sont décidés par le mari, néanmoins la consommation s'accomplit sous le signe du féminin. Des pans entiers de la consommation de luxe — alimentation, arts de la table, équipement et décoration de la maison — vont devenir des territoires dévolus prioritairement au deuxième sexe.

L'AVENIR FÉMININ DU LUXE

Si la modernité a propulsé la féminisation du luxe, la post-modernité ou l'hyper-modernité y mettra-t-elle fin ? Depuis quelque trois décennies, nous sommes témoins de bouleversements majeurs dans l'ordre de la division sociale des rôles sexuels, des places et des attributions du féminin en particulier. L'idéal de la femme au foyer a subi une érosion aussi rapide que profonde ; les diplômes et le travail professionnel féminin s'imposent comme des valeurs ; la femme « objet décoratif » est battue en brèche. Comment éviter la question : le luxe peut-il continuer d'être prioritairement associé à la consommation féminine dès lors que la dissimilarité des rôles sexuels perd de plus en plus de son ancienne légitimité ?

1. Geoffrey Gorer, *Les Américains*, Paris, Calmann-Lévy, 1949, p. 61.

D'autant que les changements affectent également l'univers des hommes. Ceux-ci ne considèrent plus comme indignes d'eux de participer aux tâches domestiques, de s'occuper des enfants, de faire les courses. On les voit manifester un plus grand souci de la mode et de l'apparence esthétique ; les produits cosmétiques masculins s'affirment comme un marché tendanciellement ou potentiellement en expansion. D'où l'idée parfois avancée que les sociétés démocratiques contemporaines auraient réussi à mettre fin à la dichotomie des genres en privilégiant un rapport de similitude entre les hommes et les femmes, en instituant l'interchangeabilité des rôles de sexe. À suivre ces analyses, le luxe devrait cesser, à plus ou moins long terme, d'être dominé par la consommation féminine.

Abattons les cartes : je m'inscris radicalement en faux contre cette interprétation de la post-modernité. Si une révolution du féminin a bien eu lieu, celle-ci ne coïncide nullement avec la confluence des genres et l'annihilation des codes différentiels masculin / féminin. En haute altitude règne l'indivision des rôles sexuels ; vu de près, celle-ci est introuvable.

Soit, pour commencer, le rapport des hommes et des femmes à la sphère professionnelle et domestique. En dépit de profonds changements, force est de constater que le statut du travail féminin n'est toujours pas analogue à celui des hommes. Et si la femme a gagné le droit au travail extérieur, elle n'en continue pas moins d'être dévolue aux fonctions domestiques. Toutes les enquêtes dont on dispose montrent que ce sont les femmes qui continuent d'assumer la plus grande partie de la responsabilité de l'éducation des enfants et des tâches domestiques. Même si les hommes font les courses et aident davantage les femmes, la charge mentale liée au fonctionnement de la maison continue à échoir aux femmes. En dépit de son nouvel engagement professionnel, la femme demeure le pôle central de la vie familiale. Position persistante qui ne s'explique pas seulement en raison de pesanteurs culturelles, mais également en raison des dimensions de sens, d'identité, d'auto-organisation qui accompagnent en particulier les fonctions maternelles. Les tâches féminines ne signifient pas seulement « corvées » quotidiennes mais aussi construction d'un territoire à soi, goût affectif et esthétique de l'intérieur, pouvoir d'influence sur l'enfant. Le « poids » de l'histoire n'explique pas tout : dans les sociétés post-modernes, les normes culturelles qui constituent un obstacle rédhibitoire au gouvernement de soi-même (femme au foyer, idéal de virginité) perdent de leur emprise, en revanche celles qui, à l'instar des responsabilités familiales, permettent l'agencement d'un univers personnalisé, la constitution d'un monde intime et émotionnel, se prolongent. L'avenir ne voit pas se profiler l'androgynie et la confluence des normes de sexe, mais la reconduction de tout un ensemble de rôles et fonctions « traditionnels » recyclés par les idéaux individualistes. C'est la conjugaison de blocs de tradition avec le principe du libre gouvernement de soi-même qui constitue notre nouvel horizon [1]. En conséquence de quoi la femme devrait, pour longtemps encore, se maintenir en position dominante dans l'univers de la consommation, dans les achats courants ou haut de gamme relatifs à l'alimentation, aux arts de la table, à la décoration du *home*.

Aussi bien, le rapport privilégié de la femme à la mode est-il toujours d'actualité. Même si les jeunes gens se montrent attachés à certaines griffes et même si, plus généralement, l'homme « revient » à la mode, les passions et intérêts envers celle-ci restent plus emblématiques du féminin

1. Voir G. Lipovetsky, *La Troisième Femme*, *op. cit.*

que du masculin. Il suffit d'observer le contenu et les images des magazines féminins pour s'en convaincre. Les collections féminines sont davantage commentées, exhibées, valorisées que celles des hommes ; les publicités pour vêtements féminins plus nombreuses, plus esthétiques que celles relatives aux hommes ; les *top models* féminins bénéficient d'une notoriété de beaucoup supérieure à celle des mannequins masculins ; la fantaisie et la diversité trouvent toujours leur lieu de prédilection dans la mode féminine. L'écart entre les genres s'est réduit, mais les femmes restent plus grandes consommatrices de vêtcments que les hommes [1]. À présent, les femmes ont des responsabilités professionnelles, sont diplômées et se montrent moins soumises aux oukases de la mode, moins « obsédées » par l'apparence vestimentaire : leur intérêt pour l'habillement n'est pas pour autant analogue à celui des hommes. La mode ne ressemble en rien à une sphère où tous les signes commutent sans limite : prolongeant la dynamique mise en place au XVIIIe siècle, la mode demeure une sphère dominée par le féminin.

Ce qui vaut pour la mode vaut pour le rapport à la beauté. En veut-on des preuves ? Elles sont innombrables. Les concours de beauté se perpétuent exclusivement au féminin ; les journaux féminins regorgent de conseils esthétiques ; le culte de la minceur est plus obsédant au féminin qu'au masculin ; les interventions en chirurgie esthétique en France s'appliquent huit ou neuf fois sur dix à une femme. Il est vrai que les hommes sont devenus consommateurs de produits cosmétiques ; néanmoins, cette progression est loin d'être exponentielle : depuis une quin-

1. En 1997, la part des femmes représentait 52 % des achats totaux d'habillement contre 32 % pour les hommes et 16 % pour les enfants. Le budget vestimentaire masculin décroît fortement à partir de trente ans. Cf. Gérard Mermet, *Francoscopie*, Paris, Larousse, 1998, p. 63.

zaine d'années, la part de la consommation masculine par rapport au marché global de la cosmétique reste limitée et ne varie guère, s'établissant autour de 10 % de l'ensemble. Est-il besoin de rappeler, de surcroît, que les produits de maquillage restent un interdit à peu près absolu pour les hommes ? Force est de constater que le mouvement de réhabilitation de la beauté masculine enclenché depuis les années 1960 ne signifie aucunement disparition de la dissymétrie des rôles et des attentes esthétiques des deux sexes.

N'assimilons pas ce phénomène à une survivance d'un autre âge : au plus profond, il est à relier à des mécanismes et à des aspirations typiques de nos sociétés marchandes et individualistes. Il est, bien entendu, impossible de ne pas rattacher la « tyrannie de la beauté » aux stratégies du marketing, aux intérêts des industries cosmétiques, à l'invasion des images sublimes du corps féminin, à l'impact de la presse féminine. Mais les politiques marchandes, aussi puissantes soient-elles, ne rendent pas raison de l'ensemble du phénomène, en particulier du rapport des femmes au corps et à la minceur. À la source de l'allergie des femmes aux formes plantureuses se trouve leur volonté d'être moins jugées comme corps et plus comme sujet maître de lui-même. La passion de la minceur traduit, sur le plan esthétique, le refus de l'identification du corps féminin à la maternité ainsi qu'une exigence de contrôle sur soi, sur ce que l'on a reçu des mains de la nature. Si, à présent, la cellulite est tellement rejetée par les femmes, c'est que le svelte et le ferme ont valeur de gouvernement de soi-même, de volonté, de puissance sur soi [1]. Si, d'un côté, les diktats de la beauté « oppriment » les femmes, d'un autre côté ils correspondent à une culture individualiste fondée sur

1. G. Lipovetsky, *La Troisième Femme*, *op. cit.*, pp. 140-144.

l'entreprise de maîtrise illimitée et le rejet du « laisser faire, laisser aller » traditionnel.

Sur quoi se greffent de nouvelles exigences identitaires. Que voit-on, à l'heure où les femmes accèdent aux diplômes et aux postes à responsabilité ? On assiste paradoxalement au regain des dessous féminins de charme — ils représentent 20 % des dépenses d'habillement féminin —, au triomphe des *top models* sexy, au « retour » des formes féminines, au succès du Wonderbra, des jupes courtes, du maquillage chez les jeunes filles. Il y a reféminisation de la femme et non-uniformisation sexuelle des apparences. Les femmes revendiquent l'égalité avec les hommes : elles ne veulent pas pour autant leur ressembler. Dès lors que la fièvre contestataire est passée et que toutes les activités sont ouvertes aux deux sexes, les femmes ne partent plus en guerre contre les emblèmes esthétiques de la différence sexuelle : elles les revendiquent comme des signes identitaires. Moins les femmes sont assignées à des places sociales « lourdes », plus la dissimilarité des signes « légers » ou esthétiques regagne une légitimité. Autant de phénomènes qui devraient contribuer à perpétuer la féminisation du luxe.

D'aucuns pensaient au début du siècle qu'il y avait contradiction entre travail et beauté féminine. Rien de tel ne s'est produit. On constate, bien au contraire, que les soins portés à l'apparence s'intensifient à mesure que les femmes exercent une activité professionnelle. À présent, les études et la vie professionnelle fonctionnent comme des facteurs encourageant les femmes à investir temps, effort et argent pour une meilleure présentation d'elles-mêmes. L'essor de la culture individualiste et méritocratique, les diplômes et le travail féminin n'ont pas fait reculer les passions féminines de la beauté : ils les ont démocratisées. Sous les habits de l'ancien le nouveau se déploie : nous sommes témoins de la réconciliation du code traditionnel de la beauté féminine et de la norme post-moderne du travail, du narcissisme esthétique et de l'activité productive, de l'idéal esthétique du féminin et de l'idéal d'autonomie intellectuelle et professionnelle. Si, comme il est probable, la suprématie féminine dans la mode et la beauté se prolonge, il est illusoire de croire que le féminin puisse cesser sous peu d'être le pôle dominant dans le luxe. La poussée de l'égalité entre les genres ne mettra pas fin mécaniquement à la féminisation du luxe.

Toutes ces continuités historiques n'excluent pas de notables transformations. Le processus de féminisation du luxe est allé de pair avec le principe de l'homme pourvoyeur : si la femme était en vedette sur la scène de la consommation, l'homme en détenait la puissance de financement. Cela change à mesure que les femmes travaillent, sont autonomes et peuvent en particulier s'offrir elles-mêmes des articles de luxe. Par quoi est franchie une nouvelle étape dans la féminisation du luxe, celle-ci se caractérisant désormais par la fin de la « femme-enseigne » de l'homme, par l'indépendance financière de la femme dans les décisions d'achat.

Il n'est pas sûr, néanmoins, que cette conquête de l'autonomie féminine débouche sur une similitude des rôles masculins et féminins tant le cadeau de luxe continue d'apparaître plus légitime, plus « évident », plus fréquent lorsqu'il est destiné à une femme que lorsqu'il s'adresse à un homme. Simple archaïsme en voie de disparition ? C'est loin d'être sûr s'il est vrai que pareille dissimilarité trouve son origine et son sens profond dans le code même de l'amour-passion. Depuis le Moyen Âge, l'homme se doit d'adorer la dame, de la surestimer, de l'entourer d'égards, de la célébrer poétiquement : « Je veux qu'elle soit reine », écrit Éluard. Le cadeau somptueux participe de cette tradition galante prescrivant le raffinement, l'attention, la délicatesse vis-à-vis de l'aimée, le prix de l'objet ne faisant que symboliser l'intensité du sentiment amoureux. La femme se donne ; l'homme donne des signes hyperboliques de son amour en prodiguant temps, attention, paroles, cadeaux : « Quand on aime on ne compte pas. » Si l'amour n'exclut pas le calcul, il s'accompagne aussi de gaspillage, d'une « dépense ouverte, à l'infini », d'un « luxe intolérable »[1]. Mais cette économie de l'excès n'échappe pas tout à fait à la distribution inégalitaire des rôles sexuels, hommes et femmes exprimant leurs sentiments selon des codes plus ou moins différenciés. Tendanciellement, les femmes sont assignées au rôle « expressif », les hommes au rôle « instrumental » (Talcott Parsons). En dépit de tout ce qui a changé dans l'ordre amoureux, ce dispositif dissymétrique se prolonge au moins partiellement tant, sans doute, il reste gratifiant pour les deux genres. L'homme bénéficie du bonheur de procurer du bonheur à l'aimée ; la femme peut jouir du bonheur de lire dans l'objet de valeur offert l'intensité des sentiments qu'elle inspire. Moyennant quoi le rapport inégalitaire des hommes et des femmes au cadeau de luxe a plus de chances de perdurer que de s'éclipser.

1. Roland Barthes, *Fragments d'un discours amoureux*, Paris, Éd. du Seuil, 1977, pp. 100-101.

IV
Le luxe et le sixième sens

Depuis les analyses classiques que Veblen, Mauss, Bataille, Elias ont consacrées au luxe, rien n'est plus commun que d'interpréter celui-ci comme un phénomène structuré par les compétitions statutaires, l'antagonisme et la rivalité sociale. Mauss souligne que le potlatch est destiné à établir des hiérarchies de titres et d'honneurs. Veblen et Elias ont insisté sur le rôle prééminent joué par les luttes pour le rang et le prestige. Au cœur des attitudes somptuaires : la compétition sociale pour la reconnaissance et le désir de prendre l'avantage sur les autres. C'est toujours le défi agonistique et la guerre des consciences qui sous-tendent le phénomène.

S'il est indéniable que les conduites de luxe sont indissociables des affrontements symboliques entre les hommes, il est très réducteur de les ramener à cette seule dimension. De fait, la somptuosité a toujours eu partie liée avec d'autres buts et d'autres croyances parmi lesquelles figurent, en particulier, celles relatives à la mort, au sacré et à l'au-delà. L'homme du luxe a d'abord été *homo religiosus* donnant des réponses socialement instituées aux questions de la mort et de la survie : partout, la confrontation avec autrui s'est doublée d'une confrontation avec l'invisible surnaturel et l'angoisse de la mort. Au regard du temps long, le luxe s'est autant construit comme un rapport au temps que comme un rapport aux hommes, autant comme une guerre contre les limites temporelles que comme une bataille pour le classement social.

Soit la fête primitive. Dans le cadre de celle-ci, anéantir les richesses signifiait lutter contre la dégénérescence de l'univers, préparer son renouveau, régénérer le Temps. La dépense festive avait un rapport marqué au temps, la consumation excessive ayant charge, dans les systèmes symboliques primitifs, de réactualiser le temps primordial et de répéter le passage du chaos au cosmos : par là était assuré un nouveau cycle de la vie, le rajeunissement et la recréation du monde. Les sacrifices et les biens précieux dédiés aux dieux se sont toujours accompagnés de prières relatives à la fécondité et à la longévité : il faut donner généreusement aux puissances de l'au-delà pour gagner longue vie et recevoir au centuple dans l'autre vie. Les riches mobiliers funéraires étaient destinés à assurer la meilleure survie des morts. Au Moyen Âge et à l'âge classique, au moment de la mort, les privilégiés faisaient don par testament de leurs richesses à l'Église afin de préparer leur salut éternel. Même lorsque le goût des honneurs est au premier plan, comme dans le cas de l'évergétisme, il implique un rapport au temps et à l'éternité, les riches faisant libéralité pour qu'au travers des statues, des stèles et des épigraphes leur nom reste à jamais présent dans la mémoire des hommes. Autant que lutte symbolique intrahumaine, le luxe a été une manière de garantir les cycles de la réincarnation, un combat magique contre le temps et le périssable. C'est moins un processus de négation des choses et de soumission de la nature par lequel l'homme affirme sa subjectivité [1] qui a sous-tendu les comporte-

1. Claude Lefort, « L'échange et la lutte des hommes », in *Les Formes de l'histoire*, Paris, Gallimard, 1978.

ments somptuaires qu'un processus d'appropriation des forces de l'au-delà en vue de la renaissance, un processus de captation de pouvoirs pour combattre la finitude des durées terrestres.

À coup sûr, ces comportements et ces mentalités appartiennent maintenant au passé. Depuis le milieu du XVIIIe siècle, les legs à l'Église permettant de « s'acheter » la vie éternelle n'ont cessé de décliner et plus personne ne songe à descendre dans la tombe chargé d'ors et de richesses. Les fêtes n'ont plus de signification régénératrice du cosmos et l'on ne construit plus des « demeures d'éternité ». La temporalité qui domine l'organisation du luxe dans les sociétés contemporaines est désormais le *présent* social et individuel, l'innovation l'emportant partout sur la permanence, les jouissances privées de l'ici-maintenant sur les attitudes et les valeurs traditionnelles. Les techniques magiques tournées vers la conquête de l'éternité se sont effacées au profit de la seule *consommation* des œuvres immortelles du passé, du tourisme culturel fonctionnant comme nouvelle distraction de masse pour « occuper » le temps.

Les stratégies des grandes maisons de luxe expriment tout autant ce basculement de la logique temporelle vers le présent. Pendant des millénaires, le luxe s'est déployé sous l'autorité des normes du passé. À partir du XIXe siècle, *via* les innovations de la haute couture, s'est opéré un renversement au bénéfice des impératifs du présent-futur. C'est cette orientation temporelle qui tend maintenant à devenir prévalente dans les industries du luxe, comme en témoignent, en particulier, les nouvelles obligations de rentabilité élevée des capitaux investis. On sait, en outre, qu'une marque de luxe doit s'employer à concilier des impératifs contradictoires : perpétuer une tradition et innover, être fidèle à un héritage tout en étant moderne. Il n'en demeure pas moins que, dans ce cadre, l'accent est mis de plus en plus sur la nécessité d'une gestion dynamique des marques, sur l'exigence prioritaire de renouvellement et de créativité afin d'éviter le danger de momification de la marque et afin de se donner les moyens de conquérir de nouveaux espaces et de nouvelles parts de marché. Nombre de consultants et de professionnels du marketing de luxe annoncent le déclin inéluctable des anciennes stratégies fondées sur la « rente de la tradition » : domine l'idée que si le luxe veut échapper à la fossilisation, il doit moins reconduire les formules du passé que les revisiter, les décliner, les actualiser. Désormais, le nerf du métier et la condition du développement des marques résident dans les politiques de création et d'image, autrement dit dans l'assimilation des principes constitutifs de la *forme-mode* : le changement, la séduction-communication, la diversification de l'offre [1]. Dans cette formation composite de tradition et d'innovation, de logique passéiste et de logique présentéiste qu'est le luxe, le pôle créatif joue de plus en plus le rôle clé tant il apparaît comme ce sur quoi repose l'avenir. Ni tradition ni mode, le luxe aujourd'hui est hybridation de la tradition et de la mode, restructuration du temps de la tradition par celui de la mode, réinvention et réinterprétation du passé par la logique-mode du présent.

Si c'est autour de l'axe temporel du présent que se réorganise le luxe post-moderne, celui-ci n'en continue pas moins d'entretenir des liens intimes avec la durée et la « guerre contre le temps ». Lieu de création, une maison de luxe s'affirme également comme « lieu de mémoire ». D'abord, par la perpétuation de techniques traditionnelles, de savoir-faire artisanaux dans la fabrication des produits.

1. Sur ce point, la seconde partie de mon ouvrage, *L'Empire de l'éphémère*, *op. cit.*

Ensuite, par un travail de promotion, de mise en scène, de valorisation de sa propre histoire. Culte du fondateur et des créateurs qui s'en inspirent, glorification de « l'esprit de marque » et de la fidélité à un style ou à un code de reconnaissance, célébration d'événements significatifs, la construction d'une marque de luxe est inséparable de la gestion symbolique de ses racines, du travail d'édification d'un *mythe*. C'est au travers de références à un passé mythifié, de légendes des origines que se façonnent les grandes marques. Le luxe n'est pleinement lui-même — y compris dans le secteur automobile — que lorsqu'il parvient à s'élever au rang de légende, lorsqu'il réussit à constituer en mythe « intemporel » les objets périssables de la consommation.

Ainsi le *management* du luxe ne se réduit-il pas à promouvoir des produits rares et chers tant il a à orchestrer le facteur temps. D'un côté, il faut innover, créer, spectaculariser, rajeunir l'image de marque : c'est le temps court, celui de la mode, qui est convoqué. Mais, d'un autre côté, il est nécessaire de donner du temps au temps, de perpétuer une mémoire, de créer un halo d'intemporalité, une image d'« éternité » de la marque[1] : les stratégies à l'œuvre sont alors de capitalisation et de sédimentation du temps. Tantôt un temps d'actualité, le temps rapide et versatile de la mode ; tantôt l'immobile, l'indémodable, la temporalité longue de la mémoire : une marque de luxe ne peut s'édifier sans ce travail paradoxal mobilisant des exigences temporelles de nature opposée.

Du fait de son rapport à la continuité et au « hors temps », le luxe d'aujourd'hui n'est pas sans analogie avec la pensée mythique immémoriale. Si ce rapprochement est légitime,

1. Bernard Arnault, « The Perfect Paradox of Star Brands », *Harvard Business Review*, octobre 2001, vol. 79.

c'est en ceci que l'un comme l'autre fait référence à des événements passés fondateurs, qui plus est exigeant d'être réactualisés par des rites cérémoniels. Dans les deux cas sont affirmés des « héros », des actes créateurs, et ce que Éliade appelle « le prestige des commencements », une éternité toujours actuelle, un « éternel présent » à vénérer d'où procède l'ordre des choses[1]. C'est ainsi qu'un des principes qui fonde la consécration du luxe moderne — l'origine prestigieuse — est celui-là même qui alimentait les systèmes de croyance sauvages. Considéré sous ce jour, le luxe apparaît comme ce qui perpétue une forme de pensée mythique au cœur même des cultures marchandes désacralisées.

Cette part « sacrée » se retrouve jusque dans les pratiques de consommation, le luxe entretenant des liens étroits avec divers rituels et tout un ensemble de gestes cérémoniels. Ainsi offre-t-on les plus riches cadeaux à l'occasion des fêtes et des dates symboliques. Les produits les plus coûteux sont souvent consommés selon un code de règles cérémonielles. Déguster un grand vin ne va pas sans gestes rituels : le connaisseur penche le verre pour examiner la robe du nectar, il fait tourner légèrement le vin dans le verre, hume l'intensité du bouquet. L'opinion commune considère qu'il est « sacrilège » de savourer un grand cru dans la précipitation ou dans un verre en plastique. Depuis le XIXe siècle, le grand restaurant est une sorte de temple où se déroule toute une liturgie : le chef y fait figure de prêtre, de maître de cérémonie[2]. Même dans une époque de déformalisation comme la nôtre qui voit s'amplifier l'abandon des rites et autres comportements conventionnels, les usages liés au luxe continuent d'être chargés de

1. Mircea Éliade, *Aspects du mythe*, Paris, Gallimard, 1963.
2. Jean-Paul Aron, *Le Mangeur du XIXe siècle*, Paris, Robert Laffont, 1973.

cérémoniel. C'est aussi cela qui, au demeurant, fait le charme du luxe, lequel, dans nos sociétés, est ce qui est capable de ressusciter une aura de « sacré » et de tradition formelle, de fournir une tonalité cérémonielle à l'univers des choses, de réinscrire de la ritualité dans le monde désenchanté, mass-médiatisé de la consommation. À ceci près que cette réactivation du principe rituel se trouve recyclée par la logique hédoniste et émotionnelle. L'art de vivre qui accompagne le luxe n'est plus une convention de classe, il est théâtre pour mieux goûter les plaisirs des sens, jeu formel investi de la charge de mieux sensualiser le rapport aux choses.

En tant qu'emblème de beauté, de bon goût, de raffinement, on a souvent rattaché le luxe aux plaisirs des cinq sens. Les analyses qui précèdent montrent que ce rapprochement n'est pas suffisant tant le luxe est indissociable d'un autre sens, un sens non matérialiste, si constitutif de la nature humaine qu'on peut le considérer comme le sixième sens : celui qui est relatif au temps. On ne peut rabattre la consommation onéreuse sur les seules recherches de volupté et de distinction sociale : s'y loge en effet depuis toujours et encore de nos jours le souci primordial du temps. Côté offre, les grandes marques ambitionnent la continuité et l'indémodable. Même du côté de la demande apparaissent, fût-ce avec moins d'évidence, des désirs et des plaisirs qui ne sont pas sans lien avec la question du temps et de l'éternité. Les sociétés qui voient se déchaîner la fièvre du renouvellement et l'obsolescence accélérée des produits et des signes font surgir, par effet de compensation ou de rééquilibrage, une exigence nouvelle d'intemporalité, de pérennité, de biens échappant à l'impermanence et au tout jetable. C'est de la spirale effrénée du transitoire que se développe aujourd'hui le goût des racines et de « l'éternité ». Par là, un sourd besoin « spirituel » sous-tend toujours, même de manière ambiguë, notre rapport au luxe, le besoin de se soustraire à l'inconsistance de l'éphémère et de toucher un sol ferme, sédimenté, où le présent se charge de référentiel durable.

Sur ce point, le luxe se rapproche de l'amour et de son refus du « tout passe, rien ne demeure », de son désir d'éternité. Même le plaisir de « flamber » n'est pas sans lien avec l'éternité quand il est générateur d'un présent si intense qu'il en devient à jamais inoubliable. Il se pourrait qu'au travers des passions du luxe ou, tout au moins, de certaines d'entre elles s'exprime moins la pulsion de destruction que sa conjuration : un luxe plus du côté d'Éros que de Thanatos, plus du côté de l'être que du devenir, plus du côté de la mémoire que de l'oubli. Peut-être quelque chose de métaphysique hante toujours nos désirs de jouir, comme les dieux, des choses les plus rares et les plus belles.

II

Temps du luxe, temps des marques

par Elyette Roux

I
Le luxe entre prestige et marche de masse

La consommation de produits de luxe a connu un développement international extraordinaire dans les années 1980, et le luxe a été reconnu comme secteur économique et industriel à part entière, dès la fin de cette décennie, avec la constitution puis le développement de grands groupes autour d'un portefeuille diversifié de marques de luxe. Ainsi, s'est naturellement posée la question du périmètre correspondant à cette nouvelle industrie et, à titre de réponse, un certain nombre d'études ont été commanditées, telles que celles de McKinsey en 1990 d'abord[1], puis celles d'Eurostaf ensuite[2], ou encore celle du ministère de l'Industrie[3]. Enfin, « la filière luxe » a été analysée par la section des activités productives du Conseil économique et social[4]. L'objet de ces différentes contributions était de définir les frontières de ce nouveau « secteur », de

1. McKinsey, « Douze propositions pour étendre le leadership des marques françaises », McKinsey-comité Colbert, 1990.

2. Eurostaf, « L'industrie mondiale du luxe : l'impératif de la création face à la banalisation des marchés », 1992 ; *id.*, « L'industrie mondiale du luxe : perspectives stratégiques et financières », 1995.

3. P. N. Giraud, O. Bomsel et E. Fieffé-Prévost, « L'industrie du luxe dans l'économie française », Cerna et ministère de l'Industrie-comité Colbert, 1995.

4. R. Burnel, « La filière luxe. Rapport du Conseil économique et social », *Journal officiel de la République*, n° 4, 13 février 1996.

souligner ses particularités, d'en identifier les acteurs et les enjeux stratégiques majeurs. Ces nécessaires approches sectorielles renvoient cependant toutes, au préalable et en amont, à une réflexion sur ce qu'est le luxe et ce qui en définit l'essence même. Mais, face à cette double problématique, force est de constater que les « histoires du luxe » commencent et / ou s'achèvent paradoxalement au XIXe siècle.

Ainsi, l'une des plus anciennes, celle de Baudrillart, date de 1880[1], retrace l'histoire du luxe depuis l'Antiquité, alors que la plus récente[2] n'aborde pas même le XXe siècle. La théorie de Thorstein Veblen sur la consommation ostentatoire remonte à 1899[3], et l'essai de Sekora[4] insiste manifestement plus sur le passé que sur l'époque contemporaine. La contribution plus récente de Berry[5] propose, certes, une taxonomie des différentes consommations « de luxe », mais elle ne permet pas d'en saisir l'évolution ni de contribuer à éclairer le sens que le luxe prend aujourd'hui, et celui qu'il prendra demain.

D'un autre côté, les ouvrages sur le *management* des marques n'abordent que de manière périphérique ou opportuniste la problématique des marques de luxe[6], sans en dégager les particularismes, d'où l'objet des chapitres qui suivent.

1. H. Baudrillart, *Histoire du luxe privé et public de l'Antiquité jusqu'à nos jours*, Paris, Hachette, 4 volumes, 1878-1880.
2. P. Perrot, *Le Luxe : une richesse entre faste et confort, XVIIIe-XIXe siècle*, Paris, Éd. du Seuil, 1995.
3. T. Veblen, *Théorie de la classe de loisir* [1899], Paris, Gallimard, trad. de l'anglais par L. Évrard, 1970.
4. J. Sekora, *Luxury : the Concept in Western Thought. Eden to Smollet*, Johns Hopkins University Press, 1977.
5. C. Berry, *The Idea of Luxury : a conceptual and historical investigation*, Cambridge University Press, 1994.
6. Voir, par exemple, J.-N. Kapferer, *Les Marques Capital de l'entreprise*, Paris, Éditions d'Organisation, 1995.

Or, depuis la fondation des grandes maisons au siècle dernier, mais surtout ces dix dernières années, le secteur du luxe s'est engagé dans une véritable mutation. Il est passé en une décennie d'une logique artisanale et familiale à une logique industrielle et financière. À titre d'exemple, Louis Vuitton Malletier, alors encore P.M.E. familiale avec un chiffre d'affaires de 210 millions de francs (32 millions d'euros), devient avec 8,8 milliards de francs en 1997 (1,3 milliard d'euros) la filiale la plus profitable du *leader* mondial des produits de luxe : le groupe LVMH (Louis Vuitton-Moët Hennessy) dont elle est devenue la marque phare. Ce groupe lui-même, après moins de quinze ans d'existence, réalisait fin 2001 plus de 12,2 milliards d'euros de chiffre d'affaires et dégageait plus de 1,560 milliard de résultat opérationnel. Le ministère de l'Industrie évaluait de son côté, dès 1995, à plus de 105 milliards de francs (16 milliards d'euros) le chiffre d'affaires réalisé en France par les marques de luxe, quelle que soit leur nationalité [1]. Enfin, Eurostaf estimait le marché mondial du luxe en 2000 à 590 milliards de francs en 1998, soit 90 milliards d'euros.

Le luxe a donc désormais la structure d'une véritable industrie concentrée, où se côtoient, d'une part, de puissants groupes financiers aux ressources importantes et, d'autre part, des petites entreprises dont les capitaux demeurent encore familiaux. Cette confrontation, associée à l'augmentation des coûts des barrières à l'entrée internationale, a dès lors amené de nombreuses maisons à abandonner, de façon délibérée ou contrainte, leur indépendance, pour se ranger sous la bannière de ces groupes ou pour être tout simplement absorbées par eux. Clarins

1. P. N. Giraud, O. Bomsel et E. Fieffé-Prévost, « L'industrie du luxe dans l'économie française », *op. cit.*, p. 7. Pour une discussion de ces chiffres, on peut se reporter également à S. Richou, et M. Lombard, *Le Luxe dans tous ses états*, Paris, Economica, 1999.

annonçait par ailleurs, fin 2002, vouloir fermer la maison Thierry Mugler Couture. Les grands groupes cotés en bourse au rang desquels on trouve les puissants LVMH, P.P.R., Richemont, mais aussi Louvre-Taitinger et Hermès représentent aujourd'hui plus de 65 % du chiffre d'affaires du secteur [1] avec plus d'une soixantaine de marques de luxe de notoriété internationale à leur actif. Les groupes privés, comme Chanel, comptent, eux, pour 9 % à 10 %. Clarins, leader européen dans le domaine des produits de soins, évolue vers un groupe diversifié dans le luxe après le rachat de marques de parfums, comme Azzaro et Montana [2], puis de l'ensemble des activités de Thierry Mugler, parfums et couture. Ainsi, en 1996, sur les soixante-quinze maisons du comité Colbert, trente-cinq étaient encore familiales, mais moins d'une quinzaine ont conservé dans leurs mains la totalité du capital [3]. La concentration devrait encore se renforcer, comme en atteste l'escalade des coûts d'acquisition des marques pour la conquête desquelles ces grands groupes s'affrontent. Ainsi, on estime que LVMH a acquis les champagnes Krug, considérés comme la Rolls des champagnes, pour 152 millions d'euros en 1999, venant compléter sa gamme, qui comptait déjà Moët et Chandon, Dom Pérignon, Veuve Clicquot, Canard Duchêne, Ruinart et Mercier. Le groupe vient par ailleurs de céder récemment la marque Pommery. L'année 1999 a également vu la création d'un nouveau pôle montres et joaillerie, avec l'achat de Tag Heuer, estimé à 747 millions de dollars, puis d'Ebel et de Chaumet [4].

1. Estimation pour 2000 selon McKinsey.
2. La marque Montana, acquise en 1995, a été cédée par Clarins en 2000.
3. C. Blanckaert, *Les Chemins du Luxe,* Paris, Grasset, 1996, p. 28.
4. On estime que le montant de l'achat des deux marques est légèrement inférieur à celui de Tag Heuer (747 millions de dollars), alors que Chaumet avait été vendu par son précédent propriétaire à Investcorp pour 6 millions de dollars en 1987. Le groupe LVMH possédait déjà les marques Fred pour les bijoux et Zénith pour les montres.

De son côté, le groupe Swatch rachetait, en 1998, la marque Bréguet au groupe Investcorp pour 130 millions de dollars. P.P.R., qui avait investi pour Gucci et Yves Saint-Laurent quelque 3,5 milliards d'euros, s'est porté acquéreur du joaillier Boucheron pour un montant évalué à 300 millions d'euros. En 1999, P.P.R. toujours aurait offert 740 millions de dollars à la marque italienne Fendi, finalement emportée par le groupe LVMH. La même année, Prada se constitue en groupe avec l'achat, entre autres, de Jil Sanders, pour 110 millions de dollars, et de Church pour 175,5 millions. Les prix proposés peuvent bien souvent correspondre à un multiple de plus de vingt fois les bénéfices de la marque avant impôts. De son côté, Hermès, qui possède par exemple John Lobb, les cristalleries Saint-Louis et Puyforcat ou encore Leica, a pris 35 % de parts du couturier Jean-Paul Gaultier, pour en assurer le développement international.

L'inflation du prix des marques et leur valorisation dans le cas de cessions et d'acquisitions soutiennent par ailleurs l'activité de cabinets d'études, qui se sont spécialisés dans l'estimation du capital que ces marques représentent. Tel un argus, ces valeurs donnent lieu à des publications largement diffusées. Ainsi, en 2001, Interbrand[1] évalue par exemple le capital de la marque Vuitton à 7 milliards (billions) de dollars, celui de Chanel à 4, 27 milliards et de Rolex à 3,7.

1. Les estimations sont publiées par exemple dans *Business Week*, « The 100 Top Brands », Interbrand, 6 août 2001, pp. 60-64. Pour le lecteur intéressé, la valeur de la marque calculée par Interbrand prend en compte les critères suivants : le *leadership* de la marque sur le marché, sa stabilité, l'évolution de ce marché, sa dimension internationale, les investissements de soutien et de protection de la marque. La « force » de la marque est évaluée en fonction de ses performances sur chaque critère, pondérées par leur importance. Les analystes d'Interbrand appliquent ensuite un « multiple » à ce score, lui-même appliqué aux revenus de la marque, afin d'en calculer la valeur.

Fortement exportateur-créateur de valeur, d'emplois et de profits, le luxe, en particulier français, a longtemps régné en maître et était la référence dans le monde entier. Sa réussite reconnue, donc convoitée, a attiré de nouveaux entrants étrangers, en particulier italiens et américains. Des grands groupes de produits de consommation courante, séduits par les profits engendrés par les marques de luxe, ont également investi ce secteur. Ainsi les parfums et cosmétiques, y compris de luxe, sont largement dominés par de grands groupes, au premier rang desquels on trouve L'Oréal, Procter & Gamble, Unilever, mais aussi Shiseido et Lauder. À cet égard, il est important de souligner que la division en charge des marques sélectives pour le groupe L'Oréal, appelée « Parfums et Beauté », a été, de façon symptomatique, rebaptisée en 2001 : « Division des produits de luxe », marquant clairement les ambitions du *leader* mondial de l'hygiène beauté en grande consommation, coiffure et pharmacie, dans la diffusion sélective de parfums et cosmétiques de luxe.

Même si le leadership mondial restait encore français en 1990 — 47 % du marché mondial selon McKinsey [1] —, la concurrence internationale s'est fortement intensifiée. On est ainsi passé d'une logique centrée sur l'offre, la création et le créateur, à une logique intégrant la demande, la concurrence, les besoins du marché et ceux des consommateurs.

Les secteurs les plus traditionnels comme celui du cognac n'échappent pas à cette nouvelle donne. Ainsi, partant du constat que les expéditions de cognac baissaient systématiquement entre 1990 et 1998, le groupe LVMH a manifesté une véritable volonté de créer et d'installer un département marketing à part entière, afin de renverser

1. McKinsey, « Douze propositions pour étendre... », *op. cit.*

cette tendance. Selon ses propres termes, la mission confiée au président de Hennessy a été « de transcender l'image du Cognac[1] », et de conserver un positionnement haut de gamme tout en sortant des stéréotypes de consommation traditionnels : celui d'un cinquantenaire, fumant le cigare et buvant un cognac en digestif, assis dans un fauteuil de cuir au coin du feu.

L'observation des chiffres du marché américain et du profil des consommateurs montrait que la croissance des spiritueux provenait des jeunes célibataires afro-américains, de 25 à 34 ans, vivant dans des zones urbaines. L'objectif fut donc de faire passer ces jeunes d'une perception du cognac comme digestif traditionnel à de nouveaux modes de consommation, en particulier sous forme de cocktails, particulièrement ancrés dans la culture américaine. Hennessy fut donc mis en scène dans des bars à la mode, fréquentés par des *« beautiful black people »* réunis autour de cocktails *« appropriatly complex »* ! Viser une cible délibérément *black* était totalement en rupture avec les normes et les usages de la profession ; c'est pourtant ce qui, associé à d'autres innovations de produits, a permis au marché et à la marque de se redéployer, grâce à un marketing novateur.

Le luxe, en particulier français, a dû concilier l'affirmation d'une « éthique de maison » et la « gestion rigoureuse de ses marques » pour soutenir sa réussite au niveau mondial. Ne s'adressant plus uniquement à sa clientèle fortunée traditionnelle, le secteur du luxe a trouvé les moyens de sa croissance auprès des classes moyennes et s'est donc,

1. Conférence de M. Christophe Navarre, alors président de Hennessy, « Les ateliers du luxe. Nouveaux comportements de consommation et paradoxes du marketing », Association nationale pour la valorisation interdisciplinaire de la recherche en sciences de l'homme et de la société auprès des entreprises, Paris, 20 juin 2000, dont j'ai eu le plaisir d'assurer la présidence scientifique.

selon le terme consacré, « démocratisé ». D'après la première étude lancée en 1992 par la profession auprès des consommateurs français et étrangers [1], il n'est plus tant destiné à la seule clientèle d'« élite », qu'à la part « élitaire de chacun » des consommateurs qui souhaitent y accéder. Toute marque de luxe doit donc désormais trouver et gérer le juste équilibre entre la diffusion et la banalisation, l'extension de son nom et le respect de son identité et de son style, à la rencontre de nouveaux consommateurs plus occasionnels [2] en maintenant sa sélectivité, vecteur de désidérabilité et du renforcement de la valeur de la marque.

Car après une croissance sans égale, le secteur du luxe connaît un ralentissement notoire, que certains qualifient de « crise », mais c'était la surconsommation des années 1980 et 2000, d'une société dite « présentéiste », c'est-à-dire orientée vers le présent, qui était hors normes. Le revenu discrétionnaire d'une nouvelle élite financière venant de pays à monnaie forte, de « yuppies », *golden boys*, ou *dinkies* (couples avec double revenu et sans enfants), était affecté à l'acquisition et la consommation ostentatoire de nouvelles richesses. Accession au plaisir de posséder, volonté d'exprimer sa différence, de consommer du superflu, du signifiant social, ou recherche d'une satisfaction hédoniste ou émotionnelle, quelles que soient les causes, force est de constater que ces comportements d'étalement de richesse se sont saturés, voire inversés. L'implosion des « bulles financières » a modifié les comportements d'achat et est venue ralentir le flux classique de cette clientèle vers les produits de luxe. Les revers de fortune des *traders*, ceux

1. Cofremca, « Rapport sur le luxe et l'évolution des mentalités », Cofremca-comité Colbert, 1992.

2. B. Dubois, G. Laurent, « The Functions of Luxury : a situational approach to excursionism », *24e Conférence annuelle de l'European Marketing Academy* (16-19 mai 1995), Essec, Cergy-Pontoise.

des entrepreneurs de la « nouvelle économie », les incertitudes professionnelles qui affectent désormais les populations de cadres, les inquiétudes sur le financement des retraites, mais également l'angoisse sécuritaire et un contexte géopolitique mondial tendu ont ramené à la normale la frénésie euphorique qui nourrissait la demande des marques de luxe. On est passé, en quelques années, d'une génération du paraître, de l'identification à un groupe par le biais de codes visibles, à une génération de l'être, d'une recherche de sens, d'authenticité et d'émotions.

En parallèle, de nouveaux entrants étrangers ont pénétré le marché traditionnellement occupé par les marques d'origine française, en employant des stratégies marketing offensives et en instaurant des « règles du jeu » différentes. Ces facteurs ont conduit, d'une part, le secteur du luxe français à s'interroger sur les stratégies à mettre en œuvre pour maintenir son *leadership*, à analyser l'évolution des attentes et des valeurs des consommateurs [1] et, d'autre part, les gestionnaires des différentes marques à mener leurs propres réflexions.

On ne peut pas parler de crise, et les chiffres du secteur ne traduisent pas le scénario catastrophe redouté. Mais il faut aujourd'hui intégrer les nouveaux comportements des consommateurs, des distributeurs et des concurrents dans la gestion des marques. Les marques doivent donc rester vigilantes à l'égard de la sensibilité des consommateurs au prix, à l'inflation de lancement de produits nouveaux, à la durée de vie des produits, aux effets pervers de la promo-

1. Eurostaf, *L'Industrie mondiale du luxe : l'impératif de la création face à la banalisation des marchés*, 1992 ; H. Joly, « Industrie du luxe : rebondir sur la crise. Leviers pour le succès dans les années 90 », *Revue française du marketing*, n° 132-133, pp. 97-109, d'après le rapport McKinsey, « Douze propositions pour étendre... », *op. cit.* ; voir également le rapport Cofremca déjà cité sur « le luxe et l'évolution des mentalités ».

tion, aux nouvelles donnes en matière de distribution et, enfin, à la qualité de service ainsi qu'à la formation du personnel de vente.

LA NOUVELLE SENSIBILITÉ DES CONSOMMATEURS AU PRIX

La clientèle des années 1980 consommait des marques de luxe « à tout prix », celle des années 1990 ne voulait plus les acheter « à n'importe quel prix », celle des années 2000 fait dépendre ses affinités et identifications affectives aux marques qui savent projeter leur identité, en la réinterprétant de façon créative et cohérente, dans l'époque ou un autre univers. Plutôt que les habituels arbitrages qualité-prix, c'est un raisonnement valeur-prix *(« value for money »)* auquel elle se livre. Quelle est la valeur ajoutée symbolique, affective et émotionnelle, qui justifie le différentiel de prix pratiqué par les marques de prestige ? Quel est le sens, le contenu de cette valeur, sur quelle légitimité s'appuie-t-elle ? Autant de questions que le consommateur se pose afin de justifier ses choix.

L'appartenance d'une marque à l'univers du luxe peut, bien entendu, être définie par le prix. Dans son étude, McKinsey considérait par exemple qu'un tailleur supérieur à 6 000 francs en 1991 faisait partie de cet univers. Si l'on compare les politiques de prix des marques de luxe par rapport à celles du marché de masse, on observe un rapport d'au moins un à quatre, entre un champagne dit « premier prix » en grande distribution et un millésime de grandes marques comme Veuve Clicquot ou Moët et Chandon. Il en va de même pour les produits de beauté, où cohabitent dans les chaînes spécialisées, telles que Séphora, des marques de masse et des marques de luxe, les premières proposant des produits quatre fois moins chers que les secondes, comme Dior, Lancôme ou Lauder.

La structure des assortiments de la grande distribution, qui fait coexister en linéaire des produits de masse et des produits de luxe, tout comme la structure du portefeuille de marques des groupes leaders du secteur de l'hygiène-beauté réduisent la distance psychologique entre les deux segments « luxe » et « masse ». Elles poussent le consommateur à s'interroger sur ce qu'il obtient de plus, sur ce supplément de « valeur » que lui procure une marque de luxe par rapport à une marque qui ne le serait pas.

Dans le domaine du prêt-à-porter, les marques étrangères, en particulier italiennes et allemandes, à qualité perçue égale, viennent rendre plus difficile la justification du prix de certaines marques françaises, en se situant dans une zone de prix légèrement inférieure. Les marques italiennes, à la fois créatives et intégrant les attentes du marché, qui bénéficient du savoir-faire productif de districts spécialisés et de taux de changes favorables, se sont déployées en extensions verticales de leur marque. Armani, valeur sûre italienne, n'a pas moins de sept lignes de vêtements différentes [1]. Mais les politiques d'extensions qui différencient mal les diverses lignes amènent les consommatrices à se reporter sur les lignes diffusion, moins chères, et il y a alors cannibalisation. D'où la nécessité de définir des lignes bien distinctes, dans le cadre d'un répertoire stylistique commun, identifiable et unique [2],

1. Giorgio Armani, Borgonuovo, G. Armani Le Collezioni, Mani, Emporio Armani, Armani Jeans, A/X (Armani Exchange), sans compter l'enfant, le sport ou les sous-vêtements, ou les autres extensions de la marque dans les parfums (*via* le groupe L'Oréal), les montres et accessoires, ou encore la décoration intérieure.

2. Voir à ce sujet le chapitre III sur l'identité de marque.

permettant d'atteindre des clientèles complémentaires, avec une politique de création, de production et de prix maîtrisée. Car si tel n'est pas le cas, les clients se détournent de la marque ou n'adhèrent pas à son « contrat », comme, par exemple, les différentes lignes de prêt-à-porter féminin de Ralph Lauren, dont la segmentation peu lisible séduit peu les Européennes, contrairement aux Américaines. À part les rares marques mythiques, pour lesquelles l'acheteur ne serait pas sensible au prix et qui semblent donc encore préservées, les gestionnaires des autres marques sont sensibles à ce phénomène ; et certains d'entre eux ont défini des zones de prix optimales [1], identifiant les fluctuations de la demande à 5 dollars près.

Face au tassement de leurs ventes et à cette nouvelle sensibilité au prix sur laquelle jouent les concurrents étrangers, certaines marques de prêt-à-porter des couturiers ont, en période de repli, systématiquement baissé tous leurs prix de 20 %. Une telle attitude défensive vis-à-vis de la concurrence ne paraît pas adaptée. En effet, elle contribue paradoxalement à renforcer la suspicion du consommateur vis-à-vis du prix : si tous les prix baissent de 20 %, c'est que les prix initiaux traduisaient plus les marges de l'entreprise que la « valeur » de la marque et de ses produits. Des zones de prix optimales devraient donc être définies pour les différents produits, à l'intérieur des diverses gammes commercialisées par la marque, en évitant les actions systématiques et non différenciées sur les prix de même qu'une baisse généralisée. La fixation des prix dans le domaine du luxe devrait s'appuyer sur les méthodes classiques du prix psychologique pour le consommateur, sur des entretiens d'experts ou sur des méthodes

1. H. Simon, « Le prix optimal : un concept majeur », *Décisions Marketing*, 1993, nº 0, pp. 35-45.

du type « analyse conjointe » qui permet d'identifier, compte tenu de la « valeur » attachée à la marque, la somme que le consommateur est prêt à payer pour bénéficier de tel ou tel avantage (ou attribut déterminant du choix) par rapport à une autre marque.

La clientèle du luxe se compose essentiellement de deux segments : le segment fidèle des clients fortunés, le segment moins fidèle des clients aisés. Il y a toujours eu et il y aura toujours, quels que soient les pays, des individus fortunés qui constituent la clientèle traditionnelle des maisons de prestige. Cette clientèle mobile mais fidèle se déplace selon les périodes au gré des fluctuations géographiques des grandes fortunes : Angleterre, États-Unis, Moyen-Orient, Japon, etc. La nouvelle clientèle du luxe est une clientèle aisée et de plus en plus une clientèle de classes moyennes, davantage sensible au prix. Elle correspond à un segment peu fidèle à la marque et son comportement est volatil ; il s'agit d'une cible informée et exigeante vis-à-vis des marques. Cette exigence est d'autant plus forte au niveau des produits et des services que les achats de cette clientèle seront de nature exceptionnelle et donc surinvestis psychologiquement.

Par définition, le domaine du luxe est celui de l'excellence et de l'émotion. Comme le dit un des principaux dirigeants du secteur, « dans le domaine du luxe, il ne faut tricher ni sur le produit, ni sur la création et l'innovation, ni sur la qualité, ni sur le prix, ni sur l'accueil ». Dans les années 1980, certaines marques se sont laissé porter et emporter par la vague d'une demande exponentielle oubliant ce principe de base. Dans les années 1990, elles ont dû réagir, pour communiquer une valeur authentique à leur clientèle, car si les clients étaient convaincus que le prix était justifié par des valeurs uniques, alors ils ne demandaient qu'à pouvoir les partager et à se les approprier. Depuis, les cycles de l'euphorie, puis des replis ont complété le paysage, pour le rendre encore plus complexe et conditionnel.

L'INFLATION DE LANCEMENT DE NOUVEAUX PRODUITS

Le nombre de nouveaux parfums introduits sur le marché a plus que doublé ces dernières années. Ainsi, on est passé de 34 lancements en 1987 à 84 en 1990, on en dénombre 120 entre 1991 et 1992 et plus de 150 en 1999[1]. Les chiffres continuent leur vertigineuse ascension pour dépasser plus de 300 nouveautés en 2001 !

Dans cette frénésie de lancements, le marché du luxe est bien évidemment très encombré, voire saturé. Ainsi on passe, entre 1991 et 1992, de 51 lancements ou relancements de parfums féminins et 30 masculins[2] à plus de 120 références au total, dix ans plus tard dans le réseau sélectif.

Jusque dans les années 1980, une marque qui avait le statut d'un grand classique lançait traditionnellement un nouveau parfum tous les sept ans, essentiellement sur le marché féminin. Le rythme des lancements est maintenant bien inférieur à trois ans. Cela revient à lancer un nouveau parfum tous les ans, si l'on alterne les féminins et les masculins, et même de plus en plus à cumuler les nouveautés dans une même année. Par exemple, en 2000, Givenchy introduisait à la fois « Oblique » et « Hot Couture » sur le

1. Tous marchés et secteurs confondus, y compris le non-luxe.

2. Septembre 1991-novembre 1992, et compilation d'après nouveautés 2000-2001, *Cosmétique Magazine*, juillet-août 2001.

marché des fragrances féminines, et Kenzo diffusait « L'Eau par Kenzo » au masculin et le très joli « Flower » au féminin. Le temps de préparation d'un lancement était de deux ans en moyenne : six mois pour définir le concept, douze mois pour élaborer, sélectionner et tester le jus, définir le flacon, le faire fabriquer, le tester et six mois supplémentaires pour construire le plan de communication et tester les visuels publicitaires. Les délais étant aujourd'hui encore raccourcis, on est donc en lancement perpétuel. Ainsi Armani, *via* le groupe L'Oréal, mettait sur le marché en 2000 « Mania », « White for her » et « White for him », soit trois nouveaux parfums !

Les efforts d'investissements publicitaires sont dilués et l'on provoque un encombrement pour les consommateurs comme pour les distributeurs, tant il est vrai que les marques peuvent vouloir qu'un nouveau lancement vienne contrebalancer l'éventuel échec du précédent. La distribution a le sentiment d'être harcelée, car les nouveautés sont également légion dans le domaine des cosmétiques et des produits de soin. Les stocks s'alourdissent et deviennent très difficiles à gérer. L'espace de présentation en rayon s'amenuise, d'autant que les lancements ne s'accompagnent pas nécessairement de l'abandon de produits anciens. Les marques ont donc des listes de références pléthoriques qu'elles ont bien du mal à dégraisser et à gérer.

En général, une nouveauté chasse l'autre, la rendant obsolète et démodée. L'ensemble du secteur est aspiré dans une stratégie délibérée d'obsolescence qui ne donne plus le temps au temps, ni les moyens de consolider ses positions, même si l'on rencontre d'heureuses exceptions. C'est le cas, par exemple, du lancement du parfum « Angel [1] »

1. Nous analyserons le cas de cette exception dans le chapitre sur l'identité de marque.

en 1992, qui est désormais leader du marché français, devant le célèbre « N° 5 » de Chanel qui date, lui, de 1921. Il ne faut pas non plus oublier que Guerlain, en lançant le parfum « Samsara » en 1989, avait pu doper les ventes de son classique « Shalimar » né en 1925, lequel « Shalimar » reste toujours en 2002 numéro 4 des ventes en France [1]. Enfin, sur le marché américain, les lancements de nouveaux parfums ne représentaient que 8 % des ventes [2] en 1999 !

Le cycle infernal des lancements se poursuit, même s'il perturbe le consommateur et contribue à renforcer son infidélité et sa volatilité. Les produits de prestige correspondent désormais pour lui moins à une satisfaction de besoins symboliques et plus à une recherche de variété, d'expériences ou de stimulation cognitive. Parfois même, le consommateur n'est plus capable de traiter la masse d'informations qu'on lui adresse. Cette inflation des lancements s'accompagne de plus en plus souvent d'une inflation des coûts. En effet, les stratégies de lancement des marques sont de deux types : stratégie de différenciation avec campagne de notoriété massive au niveau international ou, au contraire, stratégie de spécialisation ou de niche.

La stratégie de lancement massif est très coûteuse. Ainsi, en 1985, la marque Christian Dior a fait date en dépensant 40 millions de dollars pour le lancement de « Poison », lancement qui s'est transformé en succès mondial. Elle a été suivie dans cette voie par de nombreuses marques. Les coûts pour un lancement d'envergure comparable étaient de l'ordre de 80 millions en 1995-1996 et ont donc doublé

1. Source : *Cosmétique Magazine*, juillet-août 2002, pp. 64-65.

2. Source : Fabricant à partir d'analyses de données de panels de ventes en valeur, pour 1999.

en dix ans, pour tourner aujourd'hui autour de 100 millions de dollars. Les nouvelles règles du marché, face à ces investissements, d'une part, et à la pression de la distribution, d'autre part, imposent à la marque de récupérer en un an de chiffre d'affaires l'équivalent de ses investissements médias. Ce type de stratégie n'est pas sans danger, comme nous le verrons plus loin avec les effets pervers dus à la promotion, et nécessite que la marque soit adossée à des groupes financièrement très puissants.

La seconde stratégie est celle de la spécialisation et de la stratégie de niche. L'entreprise pratique alors, en s'appuyant sur la force de son image de marque et de son concept, une distribution volontairement très sélective et réduite. Elle refuse donc le média télévision (par définition de masse) au profit de la presse magazine et du hors média par les relations publiques et la création d'événements. C'est le cas de Boucheron ou de Bulgari dans le domaine de la haute joaillerie. Ces maisons ont d'emblée recherché une synergie avec leur métier d'origine en lançant leurs nouveaux parfums. Elles ne sont pas sorties du « territoire de légitimité de leur marque ». Le flacon du premier parfum de Boucheron — parfum lancé dans trois points de vente seulement à Paris en 1988 — a la forme d'une bague de couleur or et saphir, et la publicité repose sur l'affirmation de cette synergie : « Plus qu'un parfum, un bijou », « Son nouveau bijou est un parfum ». Bulgari ancre le lancement de ses nouveaux parfums dans son univers de joaillier, avec ses bijoux délibérément contemporains mis en scène sur ses visuels publicitaires, boucles d'oreilles, colliers ou bracelets. C'est également le cas de Mugler, que nous approfondirons plus loin, de Lolita Lempicka, ou encore de « Flower » de Kenzo, sans oublier, bien sûr, Jean-Paul Gaultier, autant de parfums de créateurs aux concepts forts et créatifs, ancrés au plus près de l'identité de leurs marques respectives et déclinés avec un marketing-mix[1] cohérent et rigoureux garantissant leur réussite. Ces stratégies n'entraînent pas d'effets pervers semblables à ceux auxquels peut aboutir la première stratégie qui conduit à des pratiques de type « marché de masse ».

LE CERCLE VICIEUX DES PROMOTIONS

Depuis lancement de « Poison », les budgets de 50 à 60 millions de dollars sont donc courants pour le lancement d'un parfum au niveau international. Ainsi, pour « Gio » d'Armani, L'Oréal avait investi 50 millions de dollars, sans pour autant réussir à s'imposer. Les seuls investissements médias pour le marché américain représentaient 25 millions de dollars pour un parfum de Lauder et 30 pour un Calvin Klein dans les années 1990. Aujourd'hui, Lancôme dépense en une année, pour le seul marché français, plus de 22 millions d'euros (145,3 millions de francs), Dior et Chanel plus de 20[2]. De son côté, le président[3] de Lauder déclare que la marque investit systématiquement de 25 à 28 % de son chiffre d'affaires en communication, quelle que soit la conjoncture ! Dans le domaine du prêt-à-porter, Ralph Lauren et ses licenciés

1. Le marketing-mix recouvre la combinaison et le dosage cohérent des différents moyens d'action du marketing (produit, prix, force de vente, circuit de distribution, communication). Le mix-produit correspond, lui, à l'interaction des décisions faisant correspondre le concept du produit, son positionnement et son emballage, également appelé conditionnement, par exemple.

2. Données de fabricants pour 1997.

3. P. Bousquet Chavanne, « How Recession Proof is The Luxury Industry ? The first panel makers conference », Essec, New York, 24 avril 2002.

affectent en une année plus de 180 millions de dollars à la promotion de la marque au niveau mondial, et Calvin Klein plus de 60 millions de dollars [1]. Ces montants correspondent aux sommes qu'allouent les grands groupes, comme Procter ou Lever, au soutien d'une marque mondiale de grande consommation, soit quelque 150 millions de dollars pour les marques les plus puissantes ! L'importance des coûts de lancement se justifie par la recherche de visibilité sur le marché international. Compte tenu de ces budgets vertigineux, les marques recherchent un retour sur investissement rapide et donc un chiffre d'affaires important. Cette exigence donne lieu à une animation massive sur les points de vente à l'initiative des producteurs. De leur côté, les distributeurs désirent une rotation des stocks élevée et, pour atteindre cet objectif, poussent les marques à faire des promotions. Le résultat est une réduction des marges qui risque d'obérer la profitabilité globale des marques.

La pratique des promotions sur le marché des parfums et des cosmétiques devient la règle dictée par le marché américain. Le panel Sécodip-Intercor-Parfumerie relevait, dès le dernier trimestre de 1992, plus de 600 offres promotionnelles pour le seul marché des parfums en circuit sélectif. Parmi les marques particulièrement actives sur cette période, on relève Nina Ricci, Cacharel, Guy Laroche, Givenchy, Azzaro, Lancôme, Lacoste. La palette des pratiques est vaste : coffrets de plusieurs produits ou offres groupées, cadeaux conditionnels à l'achat de certains produits ou à un montant minimum d'achats, baisses de prix directes. On assiste donc à une surenchère des offres promotionnelles semblable à celle que l'on observe

1. Sur la base de données de 1999, pour la partie prêt-à-porter de CK et non pour ses parfums qui sont concédés à Unilever.

sur certains marchés de masse. Ainsi, le marché des shampooings n'est plus qu'un vaste marché sous promotion où les traditionnels ratios publicité / promotion qui étaient de l'ordre de 60 / 40 se trouvent inversés (40 / 60, voire audelà). On observe des effets comparables dans le domaine des champagnes. Les promotions sont des moyens d'action à court terme ; elles ont un effet immédiat et directement mesurable sur les ventes et le chiffre d'affaires [1]. Cette orientation promotionnelle généralisée découle d'une pression forte de la part du *management* qui exige de l'organisation des performances financières à court terme : objectifs de chiffre d'affaires, de trésorerie, etc. [2].

Les chefs de marques ou de produits trouvent dans la promotion une façon de satisfaire ces objectifs et de répondre à ces pressions internes. À celles-ci s'ajoutent des pressions externes résultant de la concurrence que se livrent les marques sur des marchés saturés et où les barrières à l'entrée se sont abaissées. Les pratiques de l'ensemble d'un secteur se trouvent alors contaminées. Or, pour les produits de masse, mais plus encore et surtout pour les marques de luxe, l'inflation promotionnelle peut avoir des effets dévastateurs à long terme. En effet, les promotions entraînent les effets pervers suivants :

— Elles sont faciles à copier par un concurrent et annulent ainsi l'effet favorable sur les ventes et parts de marché ; elles peuvent même, de ce fait, diminuer les profits à long terme.

— Les promotions créent une habitude chez le distributeur comme chez le consommateur. Ce dernier aura tendance à attendre les promotions pour acheter ; ses achats seront donc différés pour tenir compte des cycles pro-

1. P. Desmet, *Promotion des ventes*, Paris, Nathan, 1992.
2. D. Aaker, *Managing Brand Equity*, New York, The Free Press, 1991.

motionnels ou les anticiper. C'est le cercle vicieux des promotions.

— Les promotions ont également pour effet d'augmenter artificiellement le rôle du prix dans le comportement d'achat. Elles diminuent le rôle de la marque et contribuent à lui enlever de la « valeur » comme critère de choix. En effet, le consommateur se souviendrait qu'il a acheté le produit ou la marque parce qu'il (elle) était en promotion, et non pas pour ses qualités intrinsèques [1]. La promotion peut donc diminuer sur le long terme le capital de désirabilité de la marque.

Même si des produits de grande consommation tels que Colgate ou Tylenol ne semblent pas être affectés à court terme dans leur image de marque par leurs actions de promotion [2], il convient de ne pas généraliser ces résultats au secteur du luxe. L'achat de ces produits de consommation courante correspond à des processus de décision à faible implication, alors que ceux de marques de prestige induisent une implication forte, tant vis-à-vis des produits, de la marque, que de la situation d'achat. De plus, la comparaison des images des marques achetées en promotion comme Tylénol ou Colgate est faite à court terme (trois mois) et non à long terme.

— Enfin, les promotions renforcent l'infidélité du consommateur alors que leur objectif est de déclencher l'essai de la marque par le consommateur, l'essai devant augmenter la probabilité de réachat de la marque et la fidélisation.

1. Dodson *et al.*, « The Impact of Deals and Deal Retraction on Brand Switching », *Journal of Marketing Research*, 15, 1978, pp. 72-81.

2. S. Davis *et al.*, « Promotion Has a Negative Effect on Brand Evaluation — or Does Not It ? Additional disconfirming evidences », *Journal of Marketing Research*, 21, 1, pp. 141-148.

Quelle stratégie adopter pour un responsable de marque de luxe, compte tenu de ces différents éléments ?

La première consiste à refuser de se laisser aspirer par la spirale des promotions. Il s'agit alors d'une stratégie délibérée de protection du statut de la marque, de l'affirmation de son prestige et de sa sélectivité. Boucheron, Chanel, Guerlain, Hermès, Mugler, dans le domaine de la parfumerie-cosmétique, sont autant d'exemples de cette stratégie qui, menée avec cohérence, est une condition du succès. Dans ce cas, on privilégie l'image à long terme, et les marges au détriment du volume et du chiffre d'affaires à court terme. Parfois, cette stratégie est inévitable du fait de contraintes internes : structure du capital, petite taille de la société, moyens financiers limités, manque de maîtrise des méthodes empruntées au marketing de masse dans le secteur de l'hygiène beauté.

— La seconde stratégie consiste à entrer dans une logique de lutte concurrentielle frontale et à appliquer les techniques du marketing de masse, en frappant plus fort que la concurrence. Ce cas de figure s'applique aux marques, dont l'accroissement de la part de marché ne peut s'obtenir qu'au détriment des concurrents. Ce sont des marques fortes, comme Dior, tant en notoriété qu'en position concurrentielle, et bénéficiant de moyens financiers importants. Mais, même dans ce cas, pour ne pas risquer la banalisation (qui conduirait à terme à faire glisser la marque du circuit sélectif à celui de masse), il convient de prendre un certain nombre de précautions élémentaires :

— étudier les offres promotionnelles de la concurrence et leurs effets comparés sur les ventes, les parts de marché, et les profits à l'aide d'une analyse suffisamment fine des données de panels ;

— identifier par l'intermédiaire d'études qualitatives, de plans d'expérience ou d'analyse conjointe les types de promotions susceptibles de renforcer le réachat et la fidélité à la marque, et celles qui sont valorisées par le consommateur et n'altèrent ni la qualité perçue, ni la valeur de la marque, ni son statut donc son capital ;

— déterminer l'origine des ventes engendrées par les promotions. Il peut s'agir d'acheteurs réguliers ou occasionnels de la marque, d'achats de substitution et / ou de déplacements dans la gamme, de ventes prises sur les concurrents (concurrents à identifier). Il faut suivre les quantités par acheteurs ainsi que les « paniers moyens ».

Dans tous les cas, il est impératif d'analyser les taux de réachat et de fidélisation.

LE CONTRÔLE DES PRIX ET DE LA DISTRIBUTION

Les mutations qui ont eu lieu en grande distribution touchent désormais le secteur du luxe. Dans les années 1970, ce que l'on appelle « le grand commerce intégré », s'organisant en chaînes puissantes, a exercé une pression considérable sur les fabricants en ce qui concerne les prix. Actuellement, dans le domaine de la parfumerie-cosmétique, certaines concentrations de la propriété des points de vente et la création de chaînes ou de groupements de parfumeurs, comme l'Anglais Boots ou l'Allemand Douglas en Europe, exercent les mêmes pressions sur les fabricants. On estime qu'en 1998 45 % des ventes d'une marque de luxe passaient pour la France par ces groupements et ces chaînes. En Allemagne, 37 % des ventes s'effectueraient par la seule enseigne Douglas [1].

1. Source fabricant, novembre 1998.

Ces groupements répercutent aux consommateurs leur force de frappe en matière d'achats. Le contrôle du prix échappe dès lors peu à peu aux responsables des marques, sauf exception. Cette concentration à l'échelle européenne intervient aussi au niveau domestique, y compris en province.

Aux États-Unis, les marques sélectives en parfumerie voient leurs prix baisser de 25 % à 75 % dans les *discount stores* par rapport à ceux des grands magasins. Sensibilisée au prix, la consommatrice américaine ne voit pas pourquoi elle paierait le même parfum au prix fort, et les *discounters* viennent grignoter la clientèle des grands magasins, accélérant ainsi leur crise. La consommatrice américaine achète donc « intelligent » et la consommatrice européenne fait de même. Ici encore, on concourt à substituer la sensibilité au prix à la sensibilité à la marque. Cela contribue à rendre les prix pratiqués par les marques suspects aux yeux des consommateurs, moins justifiés par la valeur de la création, de la recherche, de l'exclusivité de la composition des formules ou encore par les coûts des matières ou des composants. Le prix ne traduit plus la « valeur » de la marque, mais ne fait que rendre évident le cumul des marges dégagées dans la filière de commercialisation traditionnelle. Le prix n'est également plus un garant de la qualité perçue ou de l'exclusivité puisque la consommatrice peut se procurer le même produit au même moment à un prix plus bas.

L'effet chaîne et *discount* est également renforcé dans d'autres secteurs comme le prêt-à-porter, par l'exportation du concept d'« Usine Center » *(Factory Outlet)*, venu des États-Unis et devenu chez nous « magasin d'usine » ou encore « stock ». Si la marque organise elle-même et sous son propre nom le déstockage de ses invendus, elle rend suspecte sa propre politique de prix dans son circuit de distribution classique. Là, également, elle pousse le consommateur à douter d'abord, à acheter intelligent ensuite et à différer ses achats de quelques mois, compte tenu des délais d'approvisionnement dans les différents circuits. Il en va de même pour le phénomène des soldes dans le domaine du prêt-à-porter. La consommatrice avisée planifie ses achats en tenant compte de ces cycles. Et ce d'autant plus que la femme a pris une indépendance relative par rapport à la mode, en rendant également acceptables des modes multiples et des styles variés, qu'elle va accommoder selon la diversité des occasions et des humeurs [1]. Ce n'est pas seulement la clientèle occasionnelle du luxe qui fréquente ces circuits parallèles, mais bien la clientèle régulière [2] de femmes à hauts revenus : 83 % d'entre elles déclarent fréquenter ces circuits « non traditionnels » et, en particulier, à 39 % les magasins d'usine, 26 % les soldes privés, 25 % directement chez les grossistes ou les fabricants, et, enfin, 24 % dans le circuit *discount* ! Qu'elles soient françaises, allemandes ou italiennes, non seulement elles fréquentent ces circuits, mais elles y dépensent et achètent des vêtements et des accessoires de marques... Dior, YSL, Kenzo, Nina Ricci, Escada, Sander, Joop, Armani, Prada, Ferre, entre autres. Ces phénomènes de suspicion vis-à-vis des prix sont encore accentués par l'existence d'exportations ou de réexportations parallèles. Certains marchés tels que les États-Unis ou le Japon voient arriver des marchandises à bas prix par diffé-

1. Voir à ce sujet l'ouvrage de Gilles Lipovetsky sur la mode, *L'Empire de l'éphémère. La Mode et son destin dans les sociétés modernes*, Paris, Gallimard, 1987, et en particulier la première partie de cet ouvrage.

2. Selon la synthèse de l'étude : « Les femmes leaders et les circuits non traditionnels », de Régine Lemoine-Dartois, Euromap-Upper, effectuée du 15 février au 15 mars 1999, auprès d'un échantillon de 300 femmes européennes à très hauts revenus.

rents circuits parallèles qui fuient au stade de la fabrication et de la distribution : fuites au niveau des façonniers, des sous-traitants — qu'ils soient délocalisés ou non —, des licenciés, des détaillants qui, sous l'effet d'un contrôle insuffisant ou de leurs propres contraintes financières ou de trésorerie, alimenteront en marques de luxe ces circuits parallèles.

Ces phénomènes soulignent la nécessité pour les marques d'un contrôle strict de l'amont et de l'aval : de leur production, d'abord, et de leur distribution, ensuite, toutes deux des piliers de l'exigence managériale, qui ont pour pendant l'exigence de la clientèle, afin de ne pas créer de confusion dans l'offre de produit, ni de nivellement dans l'offre de services. Mais ces exigences ont évidemment un coût très élevé : usines, appareil de production, employés et artisans, d'une part, plate-forme logistique et boutiques en propre, d'autre part. Et les coûts d'exploitation des boutiques en propre ne cessent d'augmenter. Ainsi, on estime qu'il faut dégager au moins 3 millions de dollars de ventes pour ouvrir une boutique sur Madison Avenue à New York, et 2 millions d'euros pour 100 mètres carrés sur l'avenue Montaigne à Paris. Or, quand on sait que la taille des boutiques augmente avec les *concept stores* pour dépasser les 1 000 mètres carrés [1], on voit à quels niveaux les seuils de rentabilité s'envolent ! On comprend dès lors qu'il n'est pas possible à une marque de taille moyenne d'investir pour l'ouverture de cinq à dix boutiques par an, sur les bonnes rues des bonnes capitales, compte tenu de ces barrières à l'entrée. Seules les marques adossées à un grand groupe peuvent soutenir ce rythme et les investissements correspondants.

1. À titre de comparaison, le magasin Gap sur les Champs-Élysées ne totalise pas moins de 1 700 m² de surface, pour un loyer de 2 millions d'euros par an.

Acheter une marque de prestige dans le réseau légitime revient à accepter de payer le prix pour bénéficier d'une absence de contrainte temporelle (acheter ce qu'on veut... quand on veut), d'un assortiment large permettant une liberté de choix, d'une mise en scène des produits sur le point de vente et, enfin, d'une qualité de service à la clientèle. Qu'en est-il de la qualité de service dans le réseau « légitime » ?

LA QUALITÉ DE SERVICE

Un des premiers enseignements que l'on tire du marketing des services est que la qualité perçue du service varie en fonction des segments de clientèle et du niveau de leurs attentes. Une qualité donnée sera perçue comme moins élevée par les clients dont les attentes sont très fortes que par ceux dont les attentes sont plus faibles. Or, dans le domaine du luxe, les attentes ne sont jamais faibles.

Il est donc important d'étudier auprès de la clientèle finale la nature de ses attentes et ses critères d'évaluation de la qualité de service. Il convient de mesurer la performance et la qualité perçue des marques en concurrence et la satisfaction des clients. Si des instruments de mesure de la qualité de service existent dans d'autres secteurs [1], il serait utile de construire un baromètre de satisfaction spécifiquement adapté aux marques de luxe et d'affiner les mesures en fonction des segments de clientèle : habituelle

1. A. Parasuraman *et al.*, « Servqual : une échelle multi-items de mesure des perceptions de la qualité de service par les consommateurs », *Recherche et applications en marketing*, 5, 1, 1990, pp. 19-42.

versus occasionnelle, française, *versus* étrangère, et, en particulier, américaine et asiatique, faisant en sorte de tendre vers l'excellence avec la justesse nécessaire et d'être toujours au-delà des attentes.

Un deuxième enseignement du marketing des services est que la qualité de la prestation est directement dépendante de la valeur des relations avec le personnel au contact, autrement dit le personnel de vente [1].

Dans une logique de marché où la demande serait supérieure à l'offre, la formation du personnel de vente peut ne pas être une priorité. En revanche, lorsque la demande fléchit par rapport à une offre concurrentielle, le service et la qualité du personnel en contact et la formation du personnel de vente deviennent vitaux. Formation aux produits, à l'accueil, à l'écoute du client, à l'empathie, c'est-à-dire la capacité à comprendre l'autre, s'avère plus importante que la formation à un argumentaire de vente standardisé, compte tenu des produits vendus et de l'exigence élevée de la clientèle.

La culture d'entreprise dans le secteur du luxe, presque toujours centrée sur la création, n'amène pas facilement à intégrer le client et donc à valoriser la fonction vente et le personnel en contact avec le client. Si l'on reproche souvent au luxe français son arrogance, et à ses vendeuses leur froideur distante ou méprisante, c'est dans doute un effet pervers d'une telle culture. La nécessité de valoriser et de motiver le personnel de vente est d'autant plus grande que celui-ci est confronté à un univers de rêve auquel sa rémunération ne lui permet pas d'accéder en tant que consommateur, ce qui peut entraîner une attitude ambivalente vis-à-vis de la clientèle.

1. Voir l'article « fondateur » de P. Eiglier, E. Langeard, et C. Dageville, « La qualité de service », *Revue française du marketing*, n° 121, 1989, pp. 93-100.

Le contrôle de son réseau de distribution : magasins en propre, *shop in the shop*, *leased department*, comme c'est le cas de Chanel ou de Vuitton par exemple, est certes coûteux, mais il permet la maîtrise totale du recrutement, de la formation, de la rémunération et de la promotion du personnel de vente et des responsables de boutiques au niveau mondial. De tels choix privilégient la motivation et reconnaissent l'importance du rôle que joue le personnel de vente en matière de qualité. Vuitton gère en direct plus de 284 magasins et 5 000 vendeurs dans le monde ; les équipes de ventes (vendeurs et responsables de magasins) sont réunies et formées dans la boutique reconstituée des ateliers d'Asnières. Une attention particulière est apportée à la présentation des nouveaux produits, aux méthodes de pliage et d'emballage de chacun d'entre eux en fonction de sa forme. Une vidéo permet de sensibiliser le personnel à la qualité de cette étape, tout comme à la façon de présenter le sac d'emballage à la cliente de telle sorte que la pliure du stockage se trouve face à la vendeuse et non à la cliente. Lors de la réalisation des paquets et de la coupure du ruban d'emballage, le « L » et le « V » du sigle Louis Vuitton ne doivent jamais être séparés ! Autant de détails auxquels est prêtée une attention extrême. Ajoutons qu'une « bible » à destination du personnel de vente vient compléter la formation et la vidéo, reprenant les aspects essentiels, jusques et y compris les diverses façons de nouer les foulards en rapport avec les uniformes des vendeuses, et les différentes nuances de bas ou collants à assortir selon les saisons, afin que l'harmonie soit parfaite, excluant toute faute de goût aux conséquences rédhibitoires.

*

Depuis les années 1990, le secteur du luxe français a entrepris une mutation. Il doit gérer ses marques de façon rigoureuse et cohérente face à une nouvelle concurrence et à une clientèle duale, aux attentes différenciées. Cette nouvelle clientèle exige d'accéder au luxe, revendiquant « moi aussi j'y ai droit ! » ; elle n'y accède ni par les mêmes produits, ni au même prix, ni avec la même fréquence. C'est pourtant cette nouvelle clientèle et ses aspirations « à bien se traiter », à « se faire plaisir », même de manière exceptionnelle, qui a permis la croissance soutenue des entreprises du luxe au niveau mondial ces dix dernières années. Cela amène à intégrer les apports du marketing aux cultures d'entreprises ou de maisons où la création seule était valorisée. Selon les gammes de produits que l'on commercialise, on a pu être amené à quitter l'artisanat traditionnel et la proximité du client pour passer à l'industrialisation, mais on ne peut plus ignorer les attentes du marché. Il faut dès lors trouver les moyens de gérer un marché de masse de façon sélective.

II
Glissements progressifs des significations du luxe

Comprendre les enjeux actuels de la gestion d'une marque de luxe nécessite de faire un retour sur l'histoire, afin de cerner ce que la notion de luxe a successivement signifié dans le temps, pour situer ce qu'elle veut dire aujourd'hui et signifiera demain. Ce retour est un préalable aux principes qui doivent désormais régir le marketing des marques de luxe.

« Définir le luxe, est-ce bien raisonnable ? » souligne le comité Colbert dans un de ses rapports d'activité [1]... Évidemment non ! Car le luxe ne relève pas de la raison, mais de l'excès et des émotions extraordinaires et intenses, comme nous le soulignerons à partir d'un retour nécessaire sur ce qui est inscrit dans le sens du mot.

1. Comité Colbert, « Nouveaux regards sur le luxe. Rapport d'activité », octobre 1997, p. 5.

DE L'ÉTYMOLOGIE AUX DÉFINITIONS CONTEMPORAINES

Que nous enseigne donc l'étymologie du nom *luxe* ? On peut lire ou entendre ici ou là que *luxe* serait un dérivé de *lux* : « lumière[1] ». C'est certes joli et l'on voit immédiatement les interprétations éclairantes qui peuvent être faites pour justifier cette filiation ! Or l'étymologie réelle de *luxe* n'est pas celle-là ! Dommage ? Pas si sûr ! Car la lecture de tout bon dictionnaire étymologique montre en fait que *luxe* est dérivé du latin *luxus* (à la fois nom et adjectif), issu du vocabulaire agricole, qui a d'abord signifié « le fait de pousser de travers », puis « pousser avec excès », pour devenir « excès en général », puis signifier enfin « luxe » à partir du XVIIe siècle[2].

Cette définition nous semble beaucoup plus intéressante car elle inscrit dans le mot que le luxe implique de se situer, par définition, en dehors des sentiers battus de la « tendance », pour suivre sa propre route, en imposant ses propres règles, jusque dans l'excès de l'adage « qui m'aime me suive ! ».

Parmi les dérivés de *luxus* on trouve également *luxuria*, « exubérance, profusion, luxe » et « vie molle et voluptueuse ». Ce dérivé de la même racine a ainsi donné naissance, au XIIe siècle, au mot *luxure*. Cette racine commune

1. R. Colonna d'Istria, *L'Art du luxe*, Paris, Hermé, 1991, p. 35, ou encore J.-N. Kapferer, *Les Marques Capital de l'entreprise*, *op. cit.*, p. 85, et l'exposé de D. Rapoport, « Le luxe : réponse à quels désirs, à quels besoins », *Rencontres internationales des métiers du luxe* (Rime 98), Paris, 26-27 mars 1998.

2. J. Picoche, *Dictionnaire étymologique du français*, Paris, Éd. Le Robert, 1986, p. 213, et A. Rey, *Dictionnaire historique de la langue française*, Paris, Éd. Le Robert, 1998, t. II, p. 2072.

et ses dérivés ont donc fait dire à certains que depuis l'Antiquité, le luxe au sens de *luxus*, par l'excès qu'il représentait, prendrait sa valeur positive de splendeur et de faste ou de magnificence du luxe public, dès lors que cet excès serait mis à la disposition du corps social ou lui serait redistribué de façon réelle ou symbolique [1]. En revanche, ce même mot *luxe*, dans ses excès privés, prendrait le sens négatif de *luxuria* et, donc, de débauche porteuse de décadence. On trouvait déjà cette opposition, retournée avec provocation par Mandeville dès 1714, dans sa célèbre fable des abeilles, dont le sous-titre est suggestif : les vices privés font le bien public. Il réclamait alors une définition rigoureuse de ce qu'est le luxe : « Il faut définir, non les objets de luxe, mais son essence, ce qu'il doit être strictement [2]. » Transposée, en termes de *management* de marque, cette définition suggère de s'interroger sur la nature de ce que la marque « redistribue symboliquement » à ses clients de manière à justifier un prix qui, autrement, semblerait excessif. De telles questions de base ont paradoxalement pour but de faire prendre au gestionnaire des marques un peu de hauteur ou de recul par rapport à une gestion quotidienne.

1. K. Polanyi, *Primitive, Archaic and Modern Economy*, Boston, Beacon Press, 1968, et également, *La Grande Transformation*, Paris, Gallimard, 1983 ; voir aussi P. Veyne, *Le Pain et le Cirque : sociologie historique d'un pluralisme politique*, Paris, Éd. du Seuil, 1976, p. 73. On peut illustrer ce point par les extraits suivants : « Or Cicéron le dit : le peuple romain déteste le luxe privé, mais approuve le luxe dont on fait bénéficier le public. Le luxe impérial ne sera pas seulement consommation égoïste ; ce sera aussi celui d'un évergète qui donne des spectacles à sa capitale » (p. 637) ; de même l'aumône est au centre de la morale chrétienne : « Les chrétiens parfaits fuient le monde de la chair, d'autres chrétiens plus nombreux rachèteront leur âme par l'aumône et les legs à l'Église [...]. Dieu a prescrit aux riches de donner » (p. 62).

2. B. Mandeville, *La Fable des abeilles ou les vices privés font le bien public*, Paris, Vrin (éd. originale, 1714), I, 1990, p. 108. Voir également P. Carrive, *Bernard Mandeville : passions, vices, vertus*, Paris, Vrin, 1980.

Sans verser dans un pseudo-encyclopédisme, somme toute soporifique, on peut néanmoins s'arrêter un instant sur les premières définitions des dictionnaires : « un mode de vie concrétisé par de grandes dépenses, pour faire montre d'élégance et de raffinement[1] » (1607). Pour la comparer avec celle des dictionnaires d'aujourd'hui : « Caractère de ce qui est coûteux, raffiné, somptueux,

— environnement constitué par des objets coûteux, manière de vivre coûteuse et raffinée,

— plaisir relativement coûteux qu'on s'offre sans vraie nécessité,

— ce que l'on se permet d'une manière exceptionnelle, ou ce que l'on se permet de dire, de faire en plus, pour se faire plaisir,

— grande abondance de quelque chose,

— de luxe : se dit d'objets, de produits ou de services qui correspondent à des goûts recherchés et coûteux ; se dit d'activités qui font commerce de ces produits ou de ces services[2]. »

Ces définitions renvoient au prix, au plaisir, au désir, à l'exception, à la rareté, au raffinement. On peut poursuivre sur les façons dont la marque va savoir créer des émotions et expériences exceptionnelles et uniques, suspendant le cours du temps, pour faire ressentir un plaisir intense, se permettre de se faire une fête, de mettre les sens en émoi, en résonance ou correspondance, et faire revivre à l'âge adulte les émerveillements de l'enfance.

1. Cité par P. Perrot, *Le Luxe : une richesse entre faste et confort*, *op. cit.*, p. 34, par R. Burnel, « La filière luxe », art. cité, 1996, p. 8, et A. Rey, *Dictionnaire historique...*, *op. cit.*, p. 2072.

2. Grand Larousse en 5 vol., vol. 2, 1991, p. 1902.

DE L'OSTENTATION À L'ÉMOTION

Le XIXe siècle, avec son développement industriel et sa mécanisation croissante, va rendre les produits reproductibles en série, donc accessibles à un plus grand nombre. Émerge à cette époque « un superflu plus matériel, plus personnel [...] et s'installe un nouvel ordre : le superflu dans l'ordinaire et le triomphe de la manière bourgeoise de consommer[1] », qui brandit les signes extérieurs de sa richesse.

La société moderne et ses valeurs émergentes individualistes et hédonistes ont rendu alors le luxe nécessaire au bien-être ordinaire d'une vie matérielle plus pratique et plus fonctionnelle[2]. Le luxe devient une marque distinctive, symbole de l'accession puis de l'appartenance à une nouvelle catégorie sociale.

C'est alors que la théorie de Veblen apparaît[3]. Par la « consommation ostentatoire » on fait étalage de sa richesse, et l'on consomme moins l'objet en soi que pour le statut social qu'il confère à son propriétaire. Paradoxalement, c'est au début de la reproduction en série, que le « fait main » ou « à la main », méthode de production plus coûteuse, a investi l'objet d'une nouvelle valeur esthétique. Car souligne l'auteur : « Ce qui est banal est à la portée pécuniaire du grand nombre, il n'y a donc pas de mérite à le consommer. On a construit sur cette assise tout un code,

1. P. Perrot, « De l'apparence au bien-être : les avatars d'un superflu nécessaire », dans J.-P. Goubert, *Du luxe au confort*, Paris, Belin, 1988, p. 46.
2. G. Simmel, « L'individualisme moderne » [1917], dans *Philosophie de la modernité*, Paris, Payot, 1989, pp. 281-322. Voir également dans le même ouvrage le chapitre sur la mode.
3. T. Veblen, *Théorie de la classe de loisir*, *op. cit.*, pp. 105-106.

disons tout un barème des convenances esthétiques, d'une part et des abominations esthétiques de l'autre. »

Dans ce contexe, l'artisanat à la main est socialement valorisant, et la reproduction en série est déclassante.

C'est à cette époque que naît la haute couture avec le premier couturier Charles Frédéric Worth (1825-1895), puis Poiret (1874-1944), que sont fondées des maisons comme Guerlain, artisan parfumeur qui ouvre sa propre boutique en 1828, rue de Rivoli, à Paris, comme les grands joailliers Cartier (1847) et Boucheron (1858), ou encore les selliers, comme Hermès (1837), et les malletiers, comme Louis Vuitton (1854). Dans le domaine des arts de la table, si certaines manufactures comme les cristalleries Saint-Louis (1767) ou Baccarat (1764) sont plus anciennes, apparaissent au XIXe siècle des maisons telles que les Faïenceries de Giens (1821), Bernardaud (1863) et Daum (1875). De la même façon, si certaines maisons de champagne, comme Ruinart (1729) ou Veuve Clicquot (1772), existent dès la fin du XVIIIe siècle, il faut souligner que c'est au XIXe siècle et dès 1882 que les marques de champagne les plus prestigieuses se sont regroupées dans le « Syndicat des grandes marques de champagne [1] ». Il faudra cependant attendre plus d'un siècle pour que les « maisons » de luxe acceptent, en 1995 seulement, de se définir comme des « marques » [2].

Sont donc en place les conditions économiques, sociales et culturelles de la démocratisation du luxe, d'une part, et les savoir-faire artisanaux et créatifs permettant aux catégories sociales acquérant un nouveau pouvoir économique

1. R. Burnel, « La filière luxe », art. cité, 1996, p. 68. On trouvera dans l'annexe I les dates de création des maisons membres du comité Colbert.

2. C'est en effet en 1995, comme nous le développerons plus loin, que l'industrie du luxe s'est dotée d'une définition de son périmètre comme celui d'un ensemble de marques (voir pp. 146 sq.).

d'y accéder. Nous voyons également que si l'on parlait jusqu'ici de « métier », d'« artisanat » et de « maison », certains acteurs dans le domaine du champagne se définissaient déjà comme des « marques ».

Le luxe des années 1980 : signifiant absolu de l'identité

La consommation française de la seconde partie du XXe siècle peut être divisée en trois grandes périodes : l'après-guerre et, en particulier, des années 1950 aux années 1968-1970, qui voit la France passer de la pénurie à l'abondance ; puis les années 1980, où s'envole une surconsommation individualiste et revendiquée de marques de luxe, et, enfin, les années 1990 et suivantes : années de déconsommation sélective et de recherche de « rassurance [1] », mais aussi de plaisir intense, immédiat, renouvelé et partagé avec l'autre.

Jusqu'aux années 1980 et sous l'impulsion du fort accroissement des revenus qui sont multipliés par deux entre 1950 et 1968, c'est la logique de l'ascension sociale qui prévaut, et son corollaire, la consommation. Dans ce cadre, la consommation de produits de luxe renvoie à des systèmes signifiants de différenciation [2] ou de distinction [3],

1. R. Rochefort, *La Société des consommateurs*, Paris, Odile Jacob, 1995 ; voir également *Le Consommateur entrepreneur*, Paris, Odile Jacob, 1997, et, pour une approche d'historien, F. Caron, *Les Deux Révolutions industrielles du XXe siècle*, Paris, Albin Michel, 1997.

2. J. Baudrillard, *Le Système des objets*, Paris, Gallimard, 1968, et *La Société de consommation, ses mythes, ses structures*, Paris, Denoël, 1970 ; rééd. Gallimard, coll. « Folio Essais ».

3. P. Bourdieu, *La Distinction. Critique sociale du jugement*, Paris, Éd. de Minuit, 1979.

selon une analyse conforme à celle de Georg Simmel, qui affirmait déjà en 1923 que la mode avait une « double fonction, celle de rassembler ou de relier un groupe et de le séparer ou de le distinguer en même temps des autres groupes sociaux[1] ». Distinguer, c'est classer les objets, les goûts « qui font nécessairement partie d'une catégorie socialement admise qui découpe l'univers des valeurs selon les oppositions manichéennes du vulgaire et du luxueux[2] ». On voit donc ici que le contraire du luxe est le vulgaire ou la vulgarité, comme le veut la définition attribuée à Coco Chanel.

Selon la logique « bourdieusienne », les goûts obéiraient en conséquence à une loi de Engel généralisée, qui fait qu'à chaque niveau de distinction « ce qui est rare et constitue un luxe inaccessible ou une fantaisie absurde pour les occupants du statut inférieur devient banal et commun et se voit relégué dans l'ordre de ce qui va de soi, par l'apparition de nouvelles consommations, plus rares, plus distinctives[3] ». On est donc ici dans un système de lutte et de course-poursuite pour le monopole des emblèmes de classe où l'appropriation de biens de luxe leur confère une rareté en même temps qu'une légitimité qui en font le symbole par excellence de « l'excellence[4] ».

Que l'on fût dans une logique d'identification-différenciation par rapport à des groupes ou dans une logique de distinction de classe, les marques manipulées et affichées comme emblèmes se devaient d'être visibles, donc identifiables, pour répondre aux besoins des acheteurs revendiquant par ces codes sociaux leur appartenance sociale,

1. G. Simmel, « La mode » [1923], dans *Philosophie de la modernité, op. cit.*, p. 169.
2. P. Bourdieu, *La Distinction*, *op. cit.*, p. 275.
3. *Ibid.*
4. *Ibid.*, p. 317.

réelle ou symbolique[1]. La marque devenait le nouveau signifiant absolu de l'identité et prenait le pas sur le produit. Le produit n'était qu'un moyen d'accès à la marque et à son affichage social. Véritable badge social, il suffisait donc que le produit soit « logoïsé ». Il est donc clair qu'à cette époque il n'y avait nul besoin de marketing des marques, dès lors que la demande était à ce point supérieure à l'offre, et que les consommateurs, de leur côté, ne venaient chercher qu'une panoplie ou une étiquette sociale à exhiber.

Les années 1990 et après

Il est admis, pour qui qualifie notre époque de postmoderne, que les explications en termes de lutte ou de rapport de classes ne peuvent plus à elles seules rendre compte de la complexité des phénomènes sociaux en général, de la consommation occidentale et de celle des marques de luxe en particulier. À la logique de la distinction, de l'identité par différenciation de classe, donc de

1. On trouve cette logique poussée à son paroxysme dans le roman de Bret Easton Ellis, *American Psycho* (1990), qui fit scandale à l'époque par son extrême violence, tout en étant considéré comme une critique féroce des années Reagan et de la suprématie des marques. On reprendra ici, à titre d'exemple, une des multiples listes de marques qui ponctuent la description des personnages lors de leur entrée en scène : « Il y a quatre femmes à la table d'en face [...] l'une d'elles porte une robe chemise réversible en laine Calvin Klein, une autre une robe de tricot avec des liens de faille de soie Geoffrey Beene, une autre une jupe symétrique de tulle plissé avec un bustier de velours bordé Christian Lacroix, et des escarpins à talons hauts Sidonie Laizzi, et la dernière a une robe bustier pailletée, sous une veste cintrée en crêpe de laine Bill Blass » (*American Psycho*, éd. fr., Salvy Points, 1992, p. 58). On peut aussi lire au sujet de ce roman dans l'histoire de la littérature américaine : « L'air du temps est entièrement indiqué par les marques (de chaussures, de whiskies, de vidéo), toutes de luxe », dans Pierre-Yves Pétillon, *Histoire de la littérature américaine. Notre demi-siècle*, Paris, Fayard, 1992, p. 664.

l'auto-affirmation d'un pouvoir par la coupure, Maffesoli propose une autre hypothèse[1] : celle d'identifications successives et éphémères à des « tribus[2] » multiples, sur des bases affectives et émotionnelles, selon une logique d'immersion et de relation fusionnelle qui oriente les choix. Ainsi, l'effritement ou la saturation des grands récits dominants[3] qui encadraient les systèmes de valeurs individuels de la modernité ont fait se déplacer la croyance en l'avenir et au projet vers le centrage sur le présent, de même qu'ils ont fait glisser des valeurs comme le travail, la raison vers le plaisir et les émotions.

La réalité post-moderne se traduirait aussi par la résurgence de phénomènes archaïques, de recréation symbolique, voire magique, de lien social, sur des bases affectives et émotionnelles où le ressentir ensemble ferait société. Dès lors que l'on tient pour valide ou tout simplement intéressante cette métaphore tribale, se pose au gestionnaire de la marque la question des moyens uniques à mettre en œuvre pour créer, susciter, partager, puis entretenir ce lien émotionnel intense entre la marque et sa clientèle.

À la lumière de ces déplacements, on peut analyser le basculement des attitudes et des attentes vis-à-vis des marques de luxe entre les années 1980 paroxystiques et les années 1990. En effet, les attentes vis-à-vis des marques en général, et des marques de luxe en particulier se sont de fait déplacées : expression de soi, partage d'émotions

1. M. Maffesoli, *La Contemplation du monde, figures du style communautaire*, Paris, Grasset, 1993 ; voir également du même, *Éloge de la raison sensible*, Paris, Grasset, 1996, tout comme l'ouvrage de référence sur le terme depuis très à la mode de « tribu » : *Le Temps des tribus, le déclin de l'individualisme dans les sociétés de masse*, Paris, Méridiens Klincksieck, 1988 ; rééd. Le Livre de poche, 1990.

2. *Le Temps des tribus*, *op. cit.* Il faut bien noter que, dans son ouvrage, Maffesoli utilise la notion de tribu comme une métaphore.

3. J.-F. Lyotard, *La Condition postmoderne*, Paris, Éd. de Minuit, 1979.

fortes, recherche d'authenticité et de sens, adhésion à une éthique — c'est-à-dire de sa vision du monde et à une esthétique — exaltation de l'univers du sensible et façon unique pour chaque marque de transmettre et de faire partager une émotion[1]. Car ce caractère unique est un élément clé.

À la surconsommation ostentatoire de marques, symbole culminant des années 1980, s'est donc substituée une période de dé-consommation sélective, elle-même suivie dans les années 2000 d'une nouvelle frénésie euphorique de consommation de luxe. Mais ces cycles ne reviennent pas à l'identique, exprimant et révélant ce que l'époque contemporaine porte d'affirmation de soi et de sensibilité exacerbée. Dans le domaine de la mode, « le maître mot n'est plus de faire riche mais faire jeune », souligne justement Lipovetsky[2].

Le vêtement ne cristallise plus autant les désirs d'affirmation sociale de soi ; s'entretenir, maintenir son corps en forme, jeune est désormais plus important que le paraître vestimentaire. C'est donc paradoxalement à l'époque où les sociétés sont structurées par la logique de séduction et de l'éphémère, ou encore de la différenciation marginale, que le vêtement perd de l'importance au profit du corps qui lui devient sacré[3]. La baisse structurelle des dépenses d'habillement[4] traduit dans les faits le rejet des diktats de

1. Nous développerons largement ce point dans la section portant sur la spécificité des marques de luxe et dans celle sur l'identité.

2. G. Lipovetsky, *La Troisième Femme. Permanence et révolution du féminin*, Paris, Gallimard, 1997, p. 138.

3. G. Lipovetsky, *L'Empire de l'éphémère*, *op. cit.*, et *Le Crépuscule du devoir. L'éthique indolore des nouveaux temps démocratiques*, Paris, Gallimard, 1992 ; voir également les analyses de l'anthropologue D. Le Breton, *Anthropologie du corps et modernité*, Paris, P.U.F., 2001 (2e éd.), et du sociologue J.-F. Amadieu, *Le Poids des apparences. Beauté, amour et gloire*, Paris, Odile Jacob, 2002.

4. La part de l'habillement dans les dépenses des ménages français a baissé de moitié en quarante ans, de 11 % en 1960 à 5,1 % en 2000 (source Insee).

la mode qui différenciait au travers des saisons ce qui était dans la mode de ce qui était démodé. Le besoin d'expression de soi, d'approfondir son identité, ou encore le jeu des identifications successives post-modernes, font passer du « total look », au « bricolage » au sens de Lévi-Strauss de styles variés. Selon une logique post-moderne, on joue dans les années 1990 la juxtaposition « des contraires, du cher et du cheap, du chic et du négligé, du griffé et du discounté, du vieux et du neuf, du technique et de l'authentique, du masculin et du féminin, et surtout récupérer, déplacer, mettre le bas en haut, le dessous dessus, le soir le jour [...] au profit d'un message individuel [1] ». Bref, on joue de et avec son image, tout en théâtralité, dans le jeu des apparitions et des apparences.

C'est également la structure de la garde-robe qui s'est modifiée : désaffection des grosses pièces au profit des petites, demande de vêtements libres n'entravant pas le mouvement et donc le confort. Les revendications ont donc changé. On comprend alors le développement du chiffre d'affaires des lignes jeans des créateurs de modes et des couturiers, tout comme l'importance croissante de la « maille » dans les collections.

La sacralisation et la cosmétisation du corps deviennent centrales, avec leurs corollaires, l'anti-poids et l'anti-vieillissement [2] : « Si la mode vestimentaire est de moins en moins directive et capte une part de moins en moins importante des budgets, les critères esthétiques du corps exercent leur souveraineté avec une puissance décuplée. Moins la mode est homogène, plus le corps svelte et ferme devient une norme consensuelle. Moins il y a de théâtralité

1. B. Rémaury, « Une mode entre deux décennies », *Repères mode et textile*, Institut français de la mode, 1996, p. 63.

2. M. Maffesoli, *Au creux des apparences. Pour une éthique de l'esthétique*, Paris, Plon, 1990.

vestimentaire, plus il y a de pratiques corporelles à visées esthétiques ; plus s'affirment les idéaux de personnalité et d'authenticité, plus la culture du corps devient technicienne et volontariste [1]. »

Envolée des dépenses de produits cosmétiques, qui passent du seul maquillage au soin du visage, puis à celui du corps. Témoins de ce déplacement, les résultats dépassant toutes les prévisions de ventes d'un gel anti-peau d'orange et réducteur de cellulite locale lancé par Dior avec le nom, ô combien signifiant, de « Dior Svelt » ! et qui a connu en 1993 un taux d'achat sans précédent en France. On peut citer également le plus récent « Body Light », « sérum ultra-minceur triple action », tout comme, chez les autres marques, la cohorte d'anti-capiton et de chasse-cellulite comme « Lift-minceur Anti-Capiton » lancé par Clarins en 2001, associé à sa méthode d'application « auto-modelage anti-capiton [2] » !

Banalisation de la chirurgie esthétique, autrefois taboue, avec l'augmentation du nombre des interventions de 80 %, entre 1981 et 1989, aux États-Unis. En France, le nombre d'opérations de chirurgie esthétique s'accroît également chaque année pour dépasser en 1998 100 000 [3]. Autant de façons « de substituer un corps construit à un corps reçu » dans une époque où rester jeune et svelte est le nouvel impératif individualiste, qui traduit, par le biais de la sacralisation de la beauté d'un corps jeune et mince, « la non-

1. G. Lipovetsky, *La Troisième Femme*, *op. cit.*, p. 135.

2. Sur la publicité du printemps 1999 pour « Dior Body Light » on lit : la minceur haute définition met en avant les trois bénéfices suivants : 1) réveil du système minceur ; 2) attaque directe des surcharges ; 3) efficacité prolongée mettant en avant une « efficacité prouvée par des tests scientifiques rigoureusement contrôlés : 93 % des femmes interrogées ont noté un effet sur la cellulite ; 96 % ont noté un effet sur le raffermissement » (Publicité de presse pour magazines féminins, avril 1999).

3. G. Mermet, *Francoscopie*, Paris, Larousse, 1998 et 2001.

acceptation de la fatalité, la montée en puissance des valeurs conquérantes d'appropriation du monde et du soi[1] ». Soins et cosmétisation du corps, chirurgie esthétique qui ne sont plus confinés à la seule sphère féminine dans un univers où le « souci de soi » et la théâtralité de corps sont à la fois « cause et effet de communication[2] ». Ainsi, les hommes représentent par exemple en France 15 % de la clientèle de la chirurgie esthétique ; ce sont essentiellement des cadres qui ont recours aux implants capillaires, au rajeunissement des paupières ou encore à la liposuccion. De même, si la cosmétologie masculine ne représente que 10 % des dépenses d'hygiène beauté, ce marché affiche, en 2000 et pour la France, un chiffre d'affaires de 595 millions d'euros. Il a connu ces deux dernières années et, pour la première fois, une croissance plus forte que celle des produits féminins. Les hommes sont donc de plus en plus nombreux à entretenir leur corps : régimes alimentaires, gymnastique, instituts de beauté, de soins et de thalassothérapie[3]. Les marques sont au rendez-vous et les indicateurs du marché pour hommes sont au vert, car les jeunes consommateurs plus hédonistes ont moins de blocages que leurs aînés. Clarins, *leader* européen du soin pour visage féminin en distribution sélective, lance sa ligne « Clarins Men ». Le groupe L'Oréal, numéro un français du sélectif avec « Biotherm Homme », annonce de fortes progressions dans tous les autres pays où la marque est distribuée. L'Américain Lauder est également présent

1. G. Lipovetsky, *La Troisième Femme*, *op. cit.*, pp. 142-143.
2. M. Maffesoli, *Le Temps des tribus*, *op. cit.*, p. 135.
3. Témoin du souci de soi, Mermet souligne qu'en France, par exemple, près de 200 000 personnes ont fréquenté un centre de thalassothérapie, soit deux fois plus qu'il y a dix ans, tout comme ont doublé les fréquentations de stations thermales entre 1958 (265 000 personnes) et 1996 (600 000 personnes) (*Francoscopie*, *op. cit.*, p. 124).

avec sa marque de soins « Clinique for Men ». L'institut de beauté pour hommes « Nickel », ouvert en 1996 dans le Marais, avec un positionnement délibérément « gay », a élargi sa distribution et sa clientèle depuis 1998 aux magasins Séphora, et ouvert un deuxième institut au « Printemps de l'Homme » en 1999. Depuis sa création, cette marque, dont les produits portent des noms évocateurs, décalés et ludiques, tels que « Total Frime », « Lendemain de fête », « Belle Gueule » ou encore « Poignées d'amour », a multiplié par plus de dix son chiffre d'affaires ! Les *piercing* et autres marqueurs identitaires trouvent leur déclinaison luxe chez les joailliers de la place Vendôme, qui se sont adaptés pour certains aux demandes de cette nouvelle mise en scène du corps.

Aujourd'hui, les consommateurs sont plus informés, plus exigeants et à la fois plus sensibles aux prix et moins sensibles à la marque en tant que telle. On passe ainsi au luxe à n'importe quel prix dans les années 1980, à la justification du prix par la valeur de la création, par la valeur de l'univers imaginaire ou encore par les valeurs partagées avec la marque. Pour des achats à implication forte comme les produits de luxe, c'est désormais la cohérence et l'authenticité de l'offre éthique et esthétique de la marque qui sera susceptible d'amener l'adhésion du consommateur au contrat qu'elle propose et à accepter un différentiel de prix justifié — prix du sacrifice ou de la réassurance.

En effet, dans la décennie précédente, les attentes à l'égard des marques étaient relativement faibles, dans la mesure où l'on recherchait un code social affirmant une identification de groupe ou de classe. Dès lors que le client recherche un plaisir rare et des émotions intenses, une reconnaissance de son identité, les attentes se déplacent des seuls produits vers la qualité du service pour englober la cohérence de l'offre et du discours de la marque dans toutes ses manifestations, qu'il s'agisse du cœur de la marque et de toutes ses extensions. Toute incohérence, tout manquement, ou encore toute insatisfaction du client quant à l'accueil, au conseil ou encore à la mise en scène des produits, sera sanctionnée comme une absence intolérable du respect que revendique désormais le client. Tout plaisir qu'on lui retire ou qu'on ne lui permettra pas d'éprouver fera tomber une sanction immédiate — non-achat, bouche-à-oreille négatif, adhésion à une autre marque plus « politiquement correcte », respectueuse de ses valeurs et de ses clients. On voit donc que dans ce contexte la gestion des marques devient beaucoup plus complexe, et ô combien plus intéressante.

Nous avons récapitulé les évolutions des significations du luxe et les implications qu'il convient d'en tirer pour le *management* de ses marques. Nous allons maintenant nous pencher sur les définitions que se sont données les professionnels de ces métiers à partir des années 1990, puis à celles qu'en donnent les clients, au moyen de la discussion des résultats d'un certain nombre d'études.

LE LUXE DÉFINI PAR LA PROFESSION

Les premières études visant à définir le périmètre de ce nouveau secteur industriel datent des années 1990, au moment où la profession s'interroge sur elle-même face à ce qu'il convient d'appeler un changement de paradigme. Ces premières études sont dues à l'initiative du comité

Colbert[1], instance de représentation et de promotion du luxe français. Nous allons tour à tour présenter les résultats de l'étude McKinsey, suivie de ceux, plus récents, de l'étude du ministère de l'Industrie[2] et, enfin, celle conduite par le Conseil économique et social[3].

L'objectif assigné à McKinsey par le comité Colbert était de définir l'industrie du luxe[4], de mesurer son poids économique et d'identifier les défis auxquels l'industrie française du luxe était confrontée, afin d'offrir aux entreprises et aux pouvoirs publics des pistes de réflexion et d'action. McKinsey s'est donc donné une définition opérationnelle lui permettant de reconstituer le périmètre de cette industrie. Par une méthode en deux étapes, le cabinet a donc, dans un premier temps, identifié les secteurs d'activités (trente-cinq au total) répondant aux deux critères suivants :

1) la fabrication et / ou la commercialisation de produits et de services destinés au consommateur final (donc éliminant les consommations intermédiaires) ;

2) l'incorporation de savoir-faire relevant de l'art appliqué, défini, au niveau de l'offre, par une implication humaine dans la création et, au niveau de la demande, par des produits ou services répondant à des besoins au-delà du fonctionnel, du nécessaire, et faisant appel aux sens.

Dans chacun des trente-cinq secteurs retenus ont été sélectionnées :

— les marques du sommet de la pyramide de prix, par catégorie de produits, c'est-à-dire aux prix sensiblement supé-

1. Le comité Colbert a été créé en 1954 autour de quinze maisons, il en rassemble aujourd'hui soixante-quinze, dont la liste est présentée en annexe.

2. P. N. Giraud, O. Bomsel et E. Fieffé-Prévost, « L'industrie du luxe dans l'économie française », art. cité.

3. R. Burnel, « La filière luxe », art. cité.

4. McKinsey, « Deux propositions pour étendre... », *op. cit.*

rieurs aux produits présentant des fonctionnalités tangibles comparables ;

— les marques de notoriété internationale et ayant plus de cinq ans d'existence.

Ainsi, à titre d'illustration, pour un secteur donné, un produit représentatif a été sélectionné, par exemple un tailleur en laine pour le prêt-à-porter féminin, puis, à partir d'un relevé de prix, la barre fixant le niveau d'appartenance au luxe a été définie comme le sommet de cette pyramide. Pour poursuivre avec l'exemple de tailleur, la barre a été mise en 1991 à 6 000 francs, prix public.

Pour estimer la part de marché du luxe français, la définition retenue est donc une définition perceptuelle, c'est-à-dire *les marques perçues comme françaises*, car *à l'origine françaises*, même si la structure du capital a évolué depuis et si la marque était, à l'époque de l'étude, contrôlée par un ou des actionnaires étrangers.

L'exemple type est celui de Cartier, marque d'origine française, créée en 1847 par son fondateur Louis Cartier, mais dont le capital est actuellement étranger et qui fait partie du groupe Richemont. La part de marché du luxe français estimée selon cette méthode était de 47 % en 1991, assurant à la France le *leadership* mondial. Mais cette part était de fait surestimée par rapport à la réalité, si l'on tient compte du critère de contrôle du capital de ces entreprises.

L'approche de McKinsey raisonnait en termes de périmètre du secteur, l'étude du ministère de l'Industrie commanditée par le comité Colbert en 1995 montre une évolution de la profession dans son entier, qui évolue vers l'acceptation du concept de marque. En effet, l'industrie du luxe y est clairement définie comme « un ensemble de marques ». L'hypothèse de base guidant dès lors la clôture du périmètre du luxe, et faisant qu'une marque appartient ou non à cet univers, est la suivante :

1) « Un produit de luxe est un ensemble : un objet (produit ou service) plus un ensemble de représentations : images, concepts, sensations, qui lui sont associés par le consommateur, donc que le consommateur achète avec l'objet et pour lesquelles il est prêt à payer un prix supérieur à celui qu'il accepterait de payer pour un objet ou un service de caractéristiques fonctionnelles équivalentes, mais sans ces représentations associées [1]. »

On est, en fait, peu éloigné de la définition opérationnelle précédente et il convient de retenir de cette définition que l'unité d'analyse pertinente pour définir l'industrie est la marque. Dès lors, le problème est déplacé et revient à définir ce qui fait la spécificité d'une marque de luxe par rapport à une marque qui ne le serait pas. Même si la définition que donnent les auteurs de l'étude de ce qu'est une représentation peut apparaître partielle [2], on en tirera un deuxième postulat intéressant, et que nous avons nous-même testé empiriquement au préalable sur un échantillon de consommateurs de catégories sociales aisées [3] :

2) « Le consommateur, même s'il ne sait pas dire pour-

1. P. N. Giraud, O. Bomsel et E. Fieffé-Prévost, « L'industrie du luxe... », art. cité, p. 3.

2. Le lecteur qui voudrait approfondir la notion de représentation peut se reporter à J.-C. Abric, « Les représentations sociales, aspects théoriques », *Pratiques sociales et représentations*, Paris, P.U.F., 1994. Dans les développements actuels en psychologie sociale, une représentation est définie comme « une vision fonctionnelle du monde, qui permet à l'individu ou au groupe de donner un sens à ses conduites, et de comprendre la réalité à travers son propre système de référence, donc de s'y adapter, de s'y définir une place » (*ibid.*, p. 13), ou encore : « une forme de connaissance, socialement élaborée et partagée ayant une visée pratique et concourant à la construction d'une réalité commune à un ensemble social » (D. Jodelet, « Représentations sociales, un domaine en expansion », dans D. Jodelet [éd.], *Les Représentations sociales*, Paris, P.U.F., 5e éd., p. 36). C'est donc un système (organisé) socio-cognitif qui ne se ramène pas seulement à « des images, concepts, sensations », comme les auteurs le suggèrent.

3. E. Roux, « Comment se positionnent les marques de luxe », *Revue française du marketing*, n° 132-133, 1991, pp. 111-118.

quoi avec précision et selon des critères objectifs, sait si une marque est de luxe ou non. »

Cette méthode appliquée à un ensemble de marques a permis d'identifier le périmètre de l'industrie d'alors : 412 marques, dont 148 marques étrangères, représentant au total un chiffre d'affaires estimé pour la France à 105, 720 milliards de francs en 1995. La classification d'une marque comme française répond à la même logique que celle de McKinsey, c'est-à-dire des marques d'*origine française*, indépendamment de la structure de leur capital, ou *qui ont rayonné à partir de la France.*

Le domaine d'activité de ces marques de luxe a été réparti entre les grandes fonctions suivantes : soin et équipement de la personne (56 %), la maison (5 %), l'automobile (12 %), les usages festifs (27 %).

On observe à partir de ces données une forte concentration du chiffre d'affaires, puisque 25 % des marques contribuent pour 80 % du chiffre d'affaires du secteur. Ce périmètre a été réévalué en 2002 à 381 marques, certaines marques ayant perdu de leur substance, s'étant vidées de leur contenu, ancrées dans un passé dépassé ou ayant encore tout simplement disparu. Cette capacité qu'ont les consommateurs à juger si une marque appartient ou non à l'univers du luxe amène naturellement à se pencher sur les définitions qu'ils en donnent dans un certain nombre d'études récentes.

LE LUXE ET SA CLIENTÈLE : DU QUALITATIF AU QUANTITATIF

La définition du luxe par les consommateurs peut être abordée par des méthodes d'études exploratoires qualitatives, essentiellement à base d'entretiens individuels ou par des méthodes descriptives ou quantitatives qui s'appuient sur du déclaratif à partir de questionnaires [1].

Pour illustrer la définition du luxe que donnent les consommateurs, nous retiendrons ici deux études menées au niveau international, l'une, qualitative, par la Cofremca pour le comité Colbert en 1992 [2], l'autre, quantitative, reconduite régulièrement par le cabinet Risc depuis 1993 [3]. Ces résultats seront ensuite commentés à la lumière des nombreuses études qui ont pu être menées par d'autres instituts d'étude ou encore par des chercheurs et universitaires.

Pourquoi partir de l'étude de la Cofremca ? Sans aucun doute parce que c'est la première étude de ce type lancée par la profession auprès des consommateurs et qui illustre à double titre son intitulé : « Rapport sur le luxe et l'évolution des mentalités » — évolution des mentalités des consommateurs, soulignée précédemment, et évolution des mentalités de la profession, qui passe, comme nous l'avons également souligné plus haut, d'une logique centrée sur les produits, la création et le créateur, à une logique intégrant le client et le consommateur.

Outre leur intérêt, ces études ont l'avantage de porter sur les mêmes pays étrangers : États-Unis, Espagne, Italie, Allemagne, Grande-Bretagne et Japon. Elles permettent donc de s'ouvrir sur une vision élargie, dépassant la seule vision ou exception française et mettant, au-delà du temps, les définitions en perspective dans l'espace.

L'étude qualitative par entretiens en profondeur porte sur

1. Pour plus d'information concernant les objectifs de ces méthodes de recherche, on peut se reporter à : Y. Évrard, B. Pras et E. Roux, *Market. Études et recherches en marketing*, Paris, Dunod, 2000.

2. Cofremca, « Rapport sur le luxe et l'évolution des mentalités », *op. cit.*

3. Risc (Research Institute on Social Change), Étude Image, sur les représentations et les consommateurs du luxe, octobre 1993, 1995, 2000 et 2001.

un échantillon à classe égale, comme c'est l'usage dans ce cas : dix consommateurs par pays, soit, au total, soixante ; ce qui pourrait paraître peu, mais qui, dans le cadre du qualitatif, dont l'objectif n'est pas de décrire et de quantifier, mais de comprendre en profondeur la diversité des possibles, est tout à fait dans les normes. On vise, non pas la représentativité statistique, mais l'exploration, la compréhension en profondeur de l'univers du luxe, pour pénétrer ce qu'il signifie dans l'esprit des consommateurs, afin d'en tirer des pistes de réflexion, puis d'action pour les marques.

Quels que soient les pays, la base du système du luxe est d'être désirable, d'entretenir une certaine distance, de devoir être mérité ; c'est une aura immatérielle qui tire au-dessus de l'ordinaire et au-dessus de la simple qualité de la vie pour être une forme d'accomplissement et d'offrande qu'on se fait à soi-même et aux autres.

L'adhésion désormais ambivalente au luxe implique un respect de l'autre, qui cherche dans le luxe une forme d'accomplissement de sa dignité.

— Le luxe est ainsi vécu comme la rencontre avec la vitalité ; c'est un plaisir des sens qui débouche sur une émotion, une sensation de confort, d'harmonie.

— Le luxe est également ressenti comme la vitalité à l'état brut, l'animalité, la sensation de vie autour de soi, l'ampleur du mouvement, de l'espace, le potentiel qu'on libère.

— Le luxe est alors une stratégie de vie, une plénitude, un ressourcement de l'être, une régénérescence.

— Il s'inscrit dans un nouveau rapport de soi aux autres.

Ces constats conduisent la Cofremca à une triple recommandation aux marques de luxe qui doivent : 1) se mettre en scène et en sensation ; 2) se mettre en vie et en émotion ; 3) se mettre en sens et en signification.

Les observations plus récentes de la Cofremca mettent en avant les points suivants [1] :

— le luxe naît d'une rencontre avec soi-même ; ainsi « on ne peut plus réduire le luxe à l'objet. Le luxe naît d'une rencontre entre l'objet et l'intimité profonde de celui qui le reconnaît » ;

— le luxe doit être profondément déhiérarchisé, car, selon cet institut, il doit passer d'une logique du standing dépassée à une logique d'expression autonome ;

— le luxe doit susciter des imaginaires et ressusciter des arts de vivre ;

— le luxe est plaisir à partager qui ne repose plus sur une simple satisfaction narcissique et sociale et doit savoir développer une valeur de lien [2].

Les autres pistes s'inspirent des courants dérivés des analyses post-modernes : accent sur les émotions et la sensorialité, esthétisation de la vie quotidienne — autant de traits déterminants dans les recherches en marketing de la post-modernité [3]. Les cabinets d'étude et les universitaires se rejoignent donc sur ce point, pour influencer par leurs analyses le *management* des marques. Dès lors, on ne peut plus échapper au mot *émotion* qui se trouve mis à toutes les « sauces publicitaires ». Mais on ne peut s'empêcher de souligner qu'une émotion se suscite, se ressent, mais ne se décrète pas... tant il est vrai que l'injonction d'« émotion » sur un visuel n'implique pas son ressenti ! On assiste aux

1. P. Degrave, « Quelle conception du luxe pour s'adapter aux mœurs du troisième millénaire ? », Communication au Rime 98 (26-27 mars 1998), Versailles. Patrick Degrave est directeur général de Cofremca Sociovision.

2. Voir à ce sujet les développements de mon collègue Bernard Cova, *Au-delà du marché : quand le lien importe plus que le bien*, Paris, L'Harmattan, 1995.

3. On peut se reporter au très pédagogique ouvrage de mon autre collègue Patrick Hetzel sur les applications post-modernes en marketing : *Planète Conso, Marketing expérientiel et nouveaux univers de consommation*, Paris, Éditions d'Organisation, 2002.

mêmes excès avec « expérience[1] » et « réenchantement du monde[2] », autres vocables en vogue qui, hors de leur contexte et systématisés, sont brandis tels de nouveaux sésames et tartes à la crème de consultants en mal de filons.

Les études qualitatives récentes sur le luxe soulignent un recentrage sur les valeurs de vrai, de profond et de nécessaire, mettant en évidence l'authentique, les matériaux nobles et rares ainsi que la notion de durée, tout comme l'appropriation, voire l'incorporation de la créativité qui guide l'invention. On est donc assez loin de ce qui est de l'ordre de la tendance éphémère et du toc ostentatoire. Même aux États-Unis actuellement, on va plus valoriser un petit nombre d'objets de qualité que la surabondance, en trouvant dans le luxe, en particulier chez les plus jeunes, une valeur ajoutée d'innovation créative.

L'étude Image (Risc) est une des premières qui, à grande échelle, a rendu compte des dimensions du luxe, qu'il s'agisse d'un produit de luxe ou d'une marque de luxe ; elle permet une triple comparaison : le produit de luxe *versus* la marque ; les dimensions invariantes, quels que soient les pays ; les dimensions variables par leur ancrage culturel et géographique particulier.

Pour le produit de luxe les trois dimensions les plus marquées sont la très bonne qualité, le prix très élevé et

1. Rappelons simplement que les modèles expérientiels en marketing ont été développés dès les années 1980 avec, en particulier, M. Holbrook et E. Hirschman, « The Experiential Aspects of Consumption : consumer fantaisies, feelings and fun », *Journal of Consumer Research*, 9, 1982, pp. 132-140. Pour une synthèse récente des recherches en marketing sur les « expériences » des consommateurs, on peut se référer à M. Filser, « Le marketing de la production d'expérience : statut théorique et implications managériales », *Décisions Marketing*, 28, 2002, pp. 13-22.

2. Dans ce cas, aucune référence n'est malheureusement faite aux analyses de Max Weber ou encore à celles de Gauchet !

l'effet prestige de la marque. De même, une marque de luxe est définie par la très bonne qualité de ses produits, le fait d'être mondialement (re)connue — avec des produits très chers — d'un style inimitable (à un moindre degré, cependant, pour la France et le Japon).

On voit que ce qui fait passer du « produit » à la « marque », c'est essentiellement la dimension et la notoriété internationales. Ainsi, pour beaucoup de « maisons de luxe » dans les années 1990 la problématique fut de passer du « nom » à l'image prestigieuse et à la notoriété limitée au pays d'origine à une marque à la notoriété mondiale. Les variations de pourcentages selon les pays permettent de souligner d'importants effets culturels, renforçant la notion relative du luxe discutée précédemment.

Ainsi, pour l'Europe, Allemagne se distingue par sa définition très liée à l'exceptionnel (44 %, contre de 17 à 37 % pour les autres pays). La Grande-Bretagne, plus que les autres pays, sépare le luxe des marques et mise beaucoup sur la confiance (48 %) tout comme sur la qualité intrinsèque des produits. Pour le Japon, la fabrication artisanale occupe une place très marquante (36 %), en résonance avec une culture du geste *(Kata)* centrale dans ce pays, tout autant que la longue histoire de la marque (44 %) qui lui a permis de dominer un savoir-faire. Rappelons à ce sujet l'importance au Japon des *trésors nationaux vivants*, maîtres dans la maîtrise d'un art appliqué, laque, soie, etc. Pour les États-Unis, le raisonnement est élémentaire, pragmatique et fonctionnel, très cohérent avec les valeurs de la société, où prédominent la logique commerciale et le rapport *« value for money »*.

Si l'on se concentre sur l'Europe, qui reste le marché traditionnel du luxe, et que l'on suive la segmentation établie par Risc entre « clients réguliers du luxe », « excursionnistes », c'est-à-dire les clients occasionnels, et enfin les

« non-clients », baptisés « exclus », soit par refus délibéré, soit, encore, par absence de moyens financiers, on observe que les dimensions du luxe varient en fonction des segments de clientèle. On note ainsi que plus les clients sont réguliers et ont donc un indice fort de consommation de marques de luxe (les gros consommateurs, selon le vocabulaire *marketing*), plus la représentation du luxe est individuelle et personnelle : « plaisir pour soi, beau avant tout, ne se démode pas ». Pour les clients occasionnels qui ont un indice de consommation plus faible, le clivage social et le regard des pairs continuent d'avoir de l'importance, marquant des dimensions plus élitistes : « pour des exceptions, pour une minorité ».

La segmentation faite par Risc est établie à partir du nombre de marques achetées et permet une estimation de la taille de chaque segment sur les trois principaux marchés : l'Europe, les États-Unis et le Japon. Ces chiffres soulignent la véritable explosion du marché et une inversion des chiffres entre les non-clients et les clients. Selon l'étude Risc 2000 [1],

1. La clientèle du luxe : Europe, États-Unis, Japon. Compilation d'après Risc (études d'octobre 1994 et 2000) auprès d'un échantillon de 12 500 personnes en Europe (France, Italie, Allemagne, Angleterre, Espagne) et de 3 000 personnes aux États-Unis et au Japon. Sont considérés comme clients du luxe les répondants qui ont acheté au moins une marque de luxe au cours des deux dernières années.

Type clients	Amérique		Europe		Japon	
	1994	2000	1994	2000	1994	2000
Total clients luxe	39 %	65 %	40 %	60 %	39 %	62 %
Occasionnels (1-3 achats)	29 %	44 %	31 %	42 %	25 %	43 %
Réguliers (4 achats et +)	10 %	21 %	9 %	18 %	14 %	19 %
Non-clients (aucun achat)	61 %	35 %	60 %	40 %	62 %	38 %

en Europe, les clients occasionnels — ayant acheté de une à trois marques de luxe dans l'année — représentent 42 % des consommateurs, alors que la clientèle régulière — ayant acheté quatre marques de luxe et plus — représente, elle, 18 %. Le total des clients de luxe s'élève ainsi aujourd'hui à 60 % [1] alors qu'il était de 52 % en 1998 et de 40 % en 1994. Le luxe est désormais accessible à plus de la majorité des Européens et ce sont les clients occasionnels qui progressent le plus.

En Europe toujours, la nouvelle clientèle du luxe est de plus en plus jeune, et dotée de hauts revenus. En effet, 37 % des clients européens occasionnels et 46 % des clients réguliers ont actuellement moins de trente-cinq ans. Leurs valeurs dominantes traduisent une recherche diversifiée de plaisirs. Pour les consommatrices, les études soulignent l'importance croissante de l'audace, du développement personnel, des plaisirs, de la mobilité, de l'interactivité et de la multiplicité. Si l'on prend à témoin le marché de la beauté en distribution sélective en 2002, 51 % des femmes européennes ont acheté un produit de maquillage d'une marque de luxe, 58 % un produit de soin et 66 % un parfum [2]. C'est donc par ce dernier marché que la grande majorité des femmes accède à l'univers du luxe.

En 2000, les clients réguliers européens du luxe représentent 19 % en France, 12 % en Allemagne, 20 % en Italie, 13 % en Espagne et 27 % au Royaume-Uni. Enfin, signe de sa véritable démocratisation et de cette nouvelle tendance majoritaire, le luxe, nouvel air du temps, occupe

1. Pour l'Europe, ces chiffres gagnent encore trois points en 2001 pour passer de 60 à 63 %. La France compte elle, en octobre 2001, 64 % de personnes qui ont acheté au moins une marque de luxe ces deux dernières années.

2. Source Risc 2002, pour les parfums, les produits de maquillage ou de soin ; les pourcentages correspondent aux consommatrices ayant acheté une marque de luxe ces douze derniers mois.

depuis 2000 une section à part entière des données de panel sur la consommation, les loisirs et les modes de vie en France[1]. Une première exploitation des résultats montre que 60 % de l'échantillon a acheté au moins une marque de parfum ou de cosmétique de luxe dans l'année, 53, 5 % une marque de vêtements et 45, 8 % de vin ou de champagne. Risc a aussi établi une équation dite de « rêve[2] » qui traduit, en fonction des réponses de son échantillon, le degré de désidérabilité d'une marque, compte tenu de son score de notoriété et des achats effectués. Ainsi Cartier, Christian Dior, Chanel et Rolex représentaient-ils en 1994, quels que soient les pays, les références les plus universelles du luxe. Hermès et Vuitton bénéficient également d'une prime de rêve très élevée à l'international.

Mais, aujourd'hui, on constate un certain recul des références du luxe classique, historique ou statutaire, au profit d'une marque comme Armani, qui est devenue en Europe la marque la plus désirable qui devance désormais, en 2001, Chanel au top cinq[3]. Pour la majorité des autres marques, les performances varient d'un marché à l'autre. Aux États-Unis, les marques qui font le plus rêver sont, dans l'ordre, Rolex et Calvin Klein, Ralph Lauren, Gucci et Armani. Au Japon, Rolex est également en tête, suivie de

1. Étude annuelle SIMM 2000 Interdeco, Taylor Nelson, Sofrès, Sécodip, auprès d'un échantillon de 9 975 personnes.

2. Cette « équation » est établie en comparant les réponses aux questions de notoriété assistée des marques : « Voici un certain nombre de marques de luxe... Pouvez-vous m'indiquer toutes celles que vous connaissez au moins de nom » et de rêve : « Imaginez que vous gagniez la possibilité de choisir un très beau cadeau. Parmi toutes les marques que vous connaissez, quelles sont les cinq qui vous feraient le plus plaisir ? »

3. Source Risc 2000, C. Paternault, « Le marché du luxe », d'après étude Risc Image 1994 et 2000, D. Weber et B. Dubois, « The Edge of Dream : managing brand equity in the European luxury market », document de recherche, H.E.C., 1995 ; enfin, B. Dubois et C. Paternault, « The Dream Formula », *Journal of Advertising Research,* août 1995, pp. 69-76.

Louis Vuitton, à égalité avec Gucci, puis Chanel, Cartier et encore Armani. En Europe, enfin, la prime va à Armani, qui devance Chanel, puis Dior, classée à égalité avec Calvin Klein, suivie par Rolex et Cartier. Pour chacun des marchés européens, la préférence va plus aux marques originaires du pays, les marques françaises pour la France, italiennes pour l'Italie, avec le meilleur score pour Armani toujours, espagnoles pour l'Espagne, avec un attachement très marqué à la marque locale Loewe.

Les représentations que les clients ont de l'univers du luxe, des marques qui en font partie et qui les font le plus rêver s'organisent à partir de logiques culturelles différentes. Logique ostentatoire en Asie et pour les pays où les clients accèdent à une nouvelle fortune, logique économique et hédoniste aux États-Unis où « la valeur de l'argent » et le sens de ce que l'on « a pour son argent » sont particulièrement sensibles, et, enfin, une logique d'authenticité pour les marchés européens, ou pour les richesses établies depuis des générations. Dans ce dernier cas, les clients sont particulièrement attentifs et critiques à l'égard de l'évolution des marques et de leurs propositions, car ils attendent que tout nouveau produit lancé par la marque s'ancre au plus près de sa personnalité et donc de son identité.

III
Marque de luxe : légitimité et identité

Le chapitre précédent amène naturellement à aborder ce qui fait la spécificité du *marketing management* des marques de luxe [1]. Toute spécificité se définit par différence et, dans le cas qui nous occupe, par différence avec les produits et les marques de grande consommation. Cela entraîne à développer la différence majeure, qui s'articule autour des notions centrales de légitimité et d'identité. Ces développements conduisent alors à proposer une définition de ce qu'est une marque de luxe à partir de ses deux dimensions clés et indissociables : celles d'éthique et d'esthétique propres aux marques de luxe.

Alors que les produits de consommation courante répondent à des bénéfices de type fonctionnel, les marques de luxe renvoient, elles, à des bénéfices symboliques et de plus en plus, à des bénéfices dits « expérientiels [2] », c'est-à-dire qui impliquent chez le client une recherche d'expé-

1. Pour partie, les analyses proposées ici ont été développées en collaboration avec le sémioticien Jean-Marie Floch, malheureusement aujourd'hui disparu, aussi tenais-je à rendre ici hommage à sa mémoire.

2. C. Whan Park *et al.*, « Strategic Brand-Concept Image Management », *Journal of Marketing*, 50, octobre 1986, pp. 135-145, et K. Keller, *Strategic Brand Management*, Prentice Hall, 1998. Pour les publications françaises récentes, on peut se reporter au numéro spécial de la revue *Décisions Marketing* sur l'extension du domaine de l'expérience, n° 28, 2002, et à P. Hetzel, *Planète Conso, op. cit.*

riences et d'émotions fortes exceptionnelles. L'image d'une marque correspond alors à l'ensemble des associations stockées dans la mémoire du consommateur. Pour valoriser le capital de la marque, ces associations doivent satisfaire impérativement les trois critères suivants : être favorables, être fortes, et être uniques. Le *marketing* d'une marque de luxe doit alors contribuer à mettre en avant séduction, émotions, plaisir, esthétique — au sens étymologique du terme — c'est-à-dire faire éprouver et ressentir une émotion, faire partager des valeurs communes et pas seulement mettre en avant des bénéfices-produits tangibles, comme cela peut suffire pour les produits de consommation courante. Les marques de luxe doivent également justifier leur valeur ajoutée par leur légitimité et leur identité.

OÙ IL EST QUESTION DE LÉGITIMITÉ

Légitimité : le concept signifie consacré ou admis par la loi, conforme à l'équité, à la justice, à la raison. La légitimité est donc la qualité de ce qui est fondé en droit, justice, équité. La légitimité renvoie ainsi à autorité. On doit à Max Weber [1] une incontournable analyse du concept de légitimité et de ses fondements. Weber distingue ainsi trois types de légitimités différentes, en s'appuyant sur des fondements distincts de la domination : le type rationnel-légal, le type traditionnel et le type charismatique. En transférant la typologie de Weber aux marques de luxe en

1. M. Weber, *Économie et société*, t. 1, 1956, pour l'édition allemande, et Plon, « Agora Pocket », 1995.

général et aux marques françaises en particulier, l'origine de la légitimité de ces marques a été de deux ordres : soit la tradition (légitimité traditionnelle), soit la création (légitimité charismatique). Ces deux conditions historiques ont été, pendant des décennies, les conditions nécessaires et suffisantes pour asseoir et faire reconnaître, au niveau mondial, le pouvoir et la suprématie des marques de luxe françaises.

Les marques de luxe d'origine française ont en effet établi leur légitimité, d'une part, autour de la *tradition* et, d'autre part, autour du *talent créatif.*

— *La tradition et le savoir-faire, associés à la maîtrise d'un « métier »* et à une qualité d'exécution uniques, souvent liés, d'ailleurs, à un bassin d'artisanat et / ou à une tradition manufacturière. « Le luxe c'est une bien facture », a ainsi coutume de dire Jean-Louis Dumas, président d'Hermès. Cette maîtrise d'un métier artisanal est donc, dans le domaine des accessoires de mode par exemple, le métier de « sellier » pour Hermès, celui de « malletier » pour Vuitton, de « chausseur » pour Ferragamo ou Berlutti, ou encore de « joaillier » pour Cartier, Boucheron ou Chaumet, de « parfumeur » pour Guerlain et Caron, et l'on pourrait bien évidemment multiplier les exemples à loisir. La légitimité est donc établie par une tradition artisanale et maintenue délibérément *dans et par la durée.*

— *La création avec le talent créatif original, exclusif et sans cesse renouvelé du créateur-fondateur* de la marque est le second facteur de légitimité. C'est le cas du modèle de développement français dans le domaine de la mode avec les couturiers Dior, Chanel, Saint-Laurent, par exemple, et Kenzo, Gaultier ou Mugler, comme « créateurs » de mode.

Les marques italiennes ou américaines, dont la concurrence est redoutable pour les marques françaises, ont su, elles, s'imposer par le prêt-à-porter et se développer dans les accessoires de mode. Mais elles sont de création plus récente et n'ont pas encore, pour la plupart d'entre elles, la durée nécessaire pour que leur longévité puisse être estimée ; tout au plus peut-on faire des hypothèses sur les marques qui sauront trouver la force créative nécessaire pour survivre à la disparition de leurs créateurs.

Dans le domaine de la mode et de la couture, seules les marques françaises sont, à ce stade de l'histoire, dans ce cas de figure. Ainsi, Dior est sans doute la marque qui a le plus expérimenté la gestion de cette transition créative : M. Christian Dior, le fondateur (1947-1957), puis Yves Saint-Laurent (1958-1959), Marc Bohan (1960-1988), Gianfranco Ferre (1989-1996) et aujourd'hui John Galliano. Mais, également, Chanel avec Mlle Chanel et, depuis 1983, Karl Lagerfeld et plus tard, si l'on en croit les bruissements des milieux parisiens de la mode, bientôt... peut-être, son successeur.

Les marques italiennes[1] ou américaines, dont la concurrence est certes redoutable, sont de création plus récente et n'ont pas encore la durée de vie nécessaire pour que leur longévité puisse encore être estimée. À l'exception de Ferragamo, dont la marque a continué de se développer après le décès de son fondateur, et de Versace, dont l'avenir dira si la marque aura la force créative nécessaire pour survivre à la disparition brutale de son

1. La renaissance de la marque Gucci n'est pas à classer dans cette catégorie, mais dans la catégorie précédente, car même si la marque communique sur la mode, son chiffre d'affaires est largement réalisé sur les accessoires, qui correspondent à son métier de base. Le cas de Gucci relève donc de la première catégorie, même si le talent du designer Tom Ford a largement contribué à revitaliser la marque. C'est en effet l'ensemble de la gestion de la marque Gucci (création et gamme de produits, certes, mais aussi, et surtout, distribution, politique de prix et de communication) qui a été revue sous l'impulsion de son président M. De Sollé.

créateur. Si l'on devait se risquer à des pronostics, Armani est sans doute « la » marque qui peut le plus facilement passer le cap de la longévité.

Mais si ces fondements historiques ont été les conditions de l'affirmation de la légitimité des marques de luxe, ces conditions autrefois nécessaires ne sont plus, dans l'univers concurrentiel et pour les consommateurs d'aujourd'hui, des conditions suffisantes. Il faut y ajouter la capacité de la marque à communiquer un imaginaire fort, cohérent, reconnaissable et unique. Autrement dit, les facteurs clés de succès d'une marque de luxe supposent : une identité claire et lisible projetée de façon créative et cohérente dans le temps et l'espace, un ou des produits phares (pour éviter le terme de *best seller*) aisément identifiables et attribuables à la marque, une culture innovatrice associée à des processus de gestion rigoureux. Tout cela implique à la fois une vision à long terme et un ancrage dans l'actualité, le client et le marché. Et ce d'autant plus que le périmètre concurrentiel du luxe s'est fortement modifié, pour inclure des marques haut de gamme, mais aussi des marques de grande consommation. Une cliente peut porter une veste Dior avec un pantalon Gap, tout comme mélanger du Chanel avec du Zara ! Ces marques sont donc désormais en concurrence, car la clientèle les intègre et les mélange dans ses choix de consommation.

Tous les développements du luxe pour continuer à se différencier du marché de masse ne peuvent donc se faire que par le haut. Savoir et savoir-faire ne sont plus aujourd'hui des avantages concurrentiels suffisants, il devient impératif pour les marques de savoir être dans la durée et de savoir-faire savoir, pour rester désirables et emporter l'adhésion des clients à leur univers. « La beauté n'est pas raisonnable », affirme Baccarat dans sa campagne publicitaire qui met en scène sa nouvelle ligne de bijoux de cristal.

Cette extension et cette communication répondent aux objectifs de faire passer du statut de manufacture connue et reconnue dans les arts de la table à celui d'une marque de luxe qui étend son univers dans le féminin. Testée, cette campagne montrait que les femmes visées par la campagne trouvaient à 87 % la marque raffinée et à 85 % sensuelle ! Ces bijoux, lancés en 1993, réalisent en 2000 18 % du chiffre d'affaires et contribuent à la profitabilité de l'entreprise.

Cela nous amène à définir la notion d'identité.

OÙ IL EST QUESTION D'IDENTITÉ

L'identité est le caractère de ce qui est un, de ce qui demeure identique à soi-même ; c'est le fait pour une personne d'être tel individu et de pouvoir être reconnu pour tel, sans nulle confusion grâce aux éléments qui le singularisent. L'identité comprend donc une première dimension de « mêmeté ». Cette dimension suppose l'unicité, la permanence, la continuité, qui ne se définit, nous l'avons vu, que dans la différence.

C'est ce que l'on retrouve dans la définition que donne Greimas de l'identité. Selon lui, le concept d'identité s'oppose à altérité comme « même à autre », « l'identité servant à désigner le principe de permanence qui permet à l'individu de rester "le même", de persister dans son "être" tout au long de son existence, [...] malgré les changements qu'il provoque ou subit [...], malgré les transformations de ses modes d'existence ou des rôles qu'il assure[1] ».

« C'est à l'échelle d'une vie entière que le soi cherche son identité », souligne en parallèle Paul Ricœur[2]. Faire référence à Ricœur amène cependant à considérer que l'identité ne se ramène pas à la seule dimension de « mêmeté *(idem)* ». Car l'identité est duale et constituée de deux dimensions : le « même *idem* », comme défini précédemment, et le soi, « du latin *ipse* » pour que « soi-même » existe.

À reprendre à notre compte la lecture que fait Floch de l'identité narrative proposée par Ricœur, on aboutit à la décomposition suivante de l'identité. La permanence dans le temps et la continuité ininterrompue sont des critères qui permettent d'identifier ce que Ricœur nomme le « caractère », autrement dit l'ensemble « des dispositions distinctives durables à quoi on reconnaît une personne » correspondant au « même » *(idem)*. La variation des actions individuelles, traduisant les changements, l'innovation, implique dès lors que les façons d'être fidèle aux valeurs dans lesquelles une personne se reconnaît peuvent prendre des formes diverses (polysémie), afin d'assurer « le maintien de soi », « du soi » et donc de l'*ipse*. C'est être fidèle à la parole donnée et tenue, pour reprendre les termes de Ricœur et Floch[3].

D'où l'on tire de cette analyse de l'identité que ressembler à soi-même, c'est aussi ne ressembler à personne d'autre, et que ressembler à soi-même, c'est être, sous des

1. A. Greimas, et J. Courtés, *Sémiotique : dictionnaire raisonné de la théorie du langage*, Paris, Hachette, t. II, 1993, pp. 177-178

2. P. Ricœur, *Soi-même comme un autre*, Paris, Éd. du Seuil, 1990, p. 137 sq. dans son étude sur l'identité personnelle et l'identité narrative.

3. J.-M. Floch, *Identités visuelles*, Paris, P.U.F., 1995, p. 40.

formes diverses, sans cesse renouvelées (d'où innovation, voire ruptures), constamment fidèle à ses valeurs, donc à soi. On reprendra également ici, pour compléter cette lecture de l'identité, les métaphores particulièrement éclairantes de Michel Serres à propos de l'identité, celles du pont et du puits :

« *Le pont* est un chemin qui connecte deux berges ou qui rend une discontinuité continue, [...] qui connecte le déconnecté [...]. La communication était coupée, le pont la rétablit.

» *Le puits* est un trou, une déchirure locale dans une variété [...] mais il peut connecter des variétés empilées [1]. »

Bien que ne faisant pas directement référence à l'identité, cette même métaphore du pont avait déjà été utilisée par Simmel : « Le pont devient une valeur esthétique non seulement lorsqu'il établit, dans les faits et pour l'accomplissement de ses buts pratiques, une jonction entre deux termes dissociés, mais pour autant qu'il la rend immédiatement sensible [2]. »

D'où l'identité est la permanence sous les changements, les ruptures, l'innovation, donc l'invariance sous les variations. L'identité, c'est enfin ce qui rend une discontinuité continue, c'est ce qui connecte le déconnecté.

Travailler sur l'identité d'une marque en général et, plus précisément, sur l'identité d'une marque de luxe, c'est donc rechercher les invariants sous les variations, la permanence sous les ruptures, les changements, l'innovation pour en saisir le sens. La sémiotique s'y emploie. Elle intègre les notions d'*éthique* et d'*esthétique* qui sont les deux

1. M. Serres, « Discours et parcours », dans Cl. Lévi-Strauss, *L'Identité*, Paris, P.U.F., 1977, p. 28.
2. G. Simmel, *La Tragédie de la culture* [1909], Paris, Rivages, 1988, p. 163.

dimensions qui permettent d'articuler une définition spécifique au luxe, qui cerne son essence et sa différence.

UNE ÉTHIQUE ET UNE ESTHÉTIQUE INDISSOCIABLES

Avant de proposer cette conception de l'identité du luxe, il est nécessaire de se pencher sur celles d'éthique et d'esthétique.

Éthique esthétique

L'éthique peut tout d'abord être définie par rapport à la morale. Le terme vient du grec, celui de *morale* du latin, et les deux renvoyant à l'idée de mœurs, nous rappelle Ricœur, « d'un côté ce qui est estimé bon, de l'autre ce qui s'impose comme obligatoire [1] ».

Ricœur réservera ainsi le terme d'« éthique pour la visée d'une vie accomplie » et celui de *morale* pour l'articulation de cette visée à des normes caractérisées par une prétention à l'universalité, et par un effet de contrainte. L'éthique se définit donc comme la façon d'organiser sa conduite en tendant vers la réalisation des valeurs que l'on se donne. Alors que la morale est exogène — de l'ordre du devoir —, l'éthique est endogène — de l'ordre du vouloir personnel. L'éthique est ainsi un principe qui est emblématique de la

1. P. Ricœur, *Soi-même comme un autre, op. cit.*, p. 200.

post-modernité, tout comme la morale était celui qui encadrait la modernité.

Dans son livre *Homo æstheticus*, Ferry rappelle que l'esthétique fut définie en 1750 par Baumgarten comme « la science de la connaissance sensible ». C'est l'époque d'une mutation radicale dans la représentation du beau, qui est dès lors pensé en termes de goût : « Au moment où le beau est si intimement rapporté à la subjectivité humaine qu'à la limite il se définit par le plaisir qu'il procure, par les sensations ou les sentiments qu'il suscite en nous [1]. » Ce n'est plus parce qu'un objet est « intrinsèquement » beau qu'il plaît, mais parce qu'il procure un certain type de plaisir qu'on le nomme beau ; le langage de l'esthétique contemporaine est désormais celui des expériences vécues.

L'esthétique devient donc une (la) manière originale, inédite, propre d'organiser le monde du sensible de façon à communiquer une émotion traduisant la vision du monde du créateur, c'est-à-dire son éthique. C'est en cela qu'éthique et esthétique sont liées.

C'est également dans cette acception, proche de son sens étymologique, que Maffesoli emploie le terme *esthétique* pour qualifier le style de l'époque post-moderne et qu'il lie, lui aussi, éthique (comme manière d'être) à esthétique (ressentir commun). Ainsi, dit-il, « s'élabore une manière d'être *(ethos)*, où ce qui est éprouvé avec d'autres sera primordial, c'est cela même que je désignerai par l'expression “éthique de l'esthétique” [2] ».

Si nous transférons cette analyse de l'identité au luxe, nous aboutissons à une définition du luxe comme articula-

1. L. Ferry, *Homo aestheticus. L'invention du goût à l'âge démocratique*, Paris, Grasset, 1990, p. 33.
2. M. Maffesoli, *Au creux des apparences*, *op. cit.*, p. 13.

tion d'une éthique — vision du monde, du refus du tout économique — et d'une esthétique — ce à quoi le luxe est reconnu comme façon unique de communiquer une émotion par la cohérence des sens.

Refus du tout économique, et cohérence des sens

Les différentes définitions du luxe [1] tout comme les analyses que nous avons proposées ici soulignent les glissements des significations du luxe.

Le luxe est à distinguer du prestige et de la magnificence. En effet, le luxe est plus une façon d'être — une « manière de vivre » — qu'une façon de faire ou de faire faire. Surtout, le luxe renvoie au plaisir, au raffinement, à la perfection, de même qu'à la rareté et à l'appréciation, coûteuse, de ce qui est sans nécessité. Cette manière de vivre qu'est le luxe doit être définie comme l'articulation d'une éthique et d'une esthétique.

Dans sa dimension éthique, le luxe implique que l'on considère comme des valeurs non seulement l'absence de nécessité, mais aussi l'absence d'une entière maîtrise sur le monde : tout n'est pas immédiatement à disposition, rien n'est donné d'avance. Le luxe est l'acceptation, voire la revendication, d'un non-pouvoir sur le monde : les matériaux sont rares ou délicats, on ne maîtrise jamais complètement le temps que l'on estime devoir mettre à produire une œuvre ou un objet. On est loin du prestige qui est une quête de pouvoir, qui plus est d'un pouvoir sur les autres.

1. E. Roux et J.-M. Floch, « Gérer l'ingérable : la contradiction interne de toute maison de luxe », *Décisions Marketing*, 9, 1996, pp. 15-23.

Autrement dit, le luxe suppose le refus — c'est là une manifestation de sa dimension éthique — que tout soit maîtrisable, calculable : le luxe est donc un refus du « tout économique ». Que ce refus soit ensuite l'objet d'une communication aux autres, qu'on fasse « montre » de cette éthique, c'est autre chose ; et que cette communication soit par définition codifiée et réglée en est encore une autre ! Tel est le paradoxe constitutif de toute maison de luxe. Toute maison tend à perdurer et à se développer. Et toute maison exige pour cela que l'économie soit *le* principe même de sa gestion. Mais une maison... de luxe se doit, elle, de concilier ce principe, vital, d'économie et le refus, éthique, du tout économique, refus qui est consubstantiel à l'idée même de luxe. Cette conception du luxe, avec les conséquences qu'elle implique, suppose qu'on examine en parallèle la dimension esthétique de cette forme de vie qu'est le luxe, avant d'indiquer comment ces deux dimensions peuvent se manifester dans les différentes instances de manifestation du secteur du luxe.

Cette esthétique se définit comme une approche de l'univers du sensible, c'est-à-dire des sens, impliquant une vision du monde et du rapport de soi au monde, susceptible de communiquer une émotion.

L'esthétique du luxe est celle du raffinement, de la subtilité et de la quête de perfection. Il en découle non seulement une valorisation des savoir-faire et de la culture, mais aussi une identification possible des traits invariants de tout univers sensible qui serait « de luxe ». Cela n'induit pas qu'il n'existe qu'une seule vision esthétique dans le luxe : par exemple, que le luxe serait toujours baroque ou toujours classique... Cela signifie que le caractère accompli du travail, l'effet de totalité, voire d'autonomie de l'objet, ainsi que la cohérence des diverses formes sensibles par lesquelles celui-ci se manifeste — la cohérence de son toucher, de son poids, de sa forme, de ses couleurs..., ce que l'on appelle en esthétique la « synesthésie » —, que ces traits sont autant de traits définitoires de tout univers de luxe et, par voie de conséquence, d'une marque de luxe[1].

Il reste à examiner les différentes instances de réalisation de cette double dimension éthique et esthétique du luxe. Car l'exaltation d'une irréductible ingérabilité du monde, de même que la recherche d'une perfection synesthésique se retrouvent tout au long du parcours du produit de luxe, de sa production à sa consommation, en passant par sa distribution.

Pour ce qui est de la *production*, le refus du tout économique se manifestera dans l'acceptation par la marque de travailler à partir de matières ou d'approvisionnements dont la quantité et la qualité ne sont jamais totalement prévisibles ou calculables : rareté des matières premières ou aléas climatiques pesant sur une récolte, ou encore part laissée au travail artisanal et au « plaisir d'exécution » qu'il procure, pour reprendre l'expression de Lévi-Strauss.

Quant à la dimension esthétique, elle se manifestera dans la conception de produits « parfaits » et dans la création d'un univers de marque qui représente un monde sensible cohérent, auquel ne sauraient se substituer quelques signes ou éléments d'identification immédiate, si visibles et reconnaissables fussent-ils...

Ainsi, à titre d'exemple, Hermès ne sélectionne que les box, exempts de toute cicatrice, et n'utilise pour la confection de ses fameux sacs « Kelly » que la partie centrale de la peau. Le point dit « sellier » continue à être cousu à la main

1. Cette référence à la correspondance des cinq sens, chère à J.-M. Floch et que nous avons largement diffusée tous deux dès 1991 dans le cadre des séminaires de la chaire LVMH et de nombreuses conférences, a été très largement reprise par d'autres depuis.

par les artisans des ateliers de Pantin, et il ne faut pas moins de dix-sept heures de travail manuel pour coudre un sac « Kelly », et trente-six heures pour une selle sur mesure. De même, les peaux de crocodiles sont polies naturellement avec une pierre d'agate (pierre semi-précieuse) pendant de longues heures pour révéler le vernis naturel de la peau, alors que d'autres marques (qui ne sont pas de luxe) apposent une couche de vernis extérieur sur ces peaux. Chez Vuitton, le fini des sacs se fait également à la main, tout comme les commandes spéciales qui sont réalisées par les artisans des ateliers d'Asnières.

Dans un autre domaine, celui des vins et spiritueux, outre la restriction des surfaces des vignobles, la recherche d'assemblages parfaits, les bouteilles de champagne sont stockées pendant trois ans, celles de cognac pendant beaucoup plus longtemps avant que les productions (ne) soient mises sur le marché. Dans de nombreuses maisons, le remuage des bouteilles de champagne pendant cette période de stockage continue à être fait manuellement. Sans compter la haute couture, où le travail à la main est la règle définitoire et où chaque cliente a un mannequin à ses propres mesures pour les essayages.

Enfin, dans le domaine des parfums, des maisons comme Chanel ou Guerlain se refusent à utiliser des produits de synthèse, moins coûteux, dans la composition de leurs fragrances, au profit d'essences naturelles, plus rares et, bien entendu, beaucoup plus onéreuses. Chez Guerlain encore, les collerettes de fils de soie fermant les flacons d'extraits de parfum continuent à être peignées à la main par les ouvrières.

L'art de vivre selon Hermès ne se résume pas, loin s'en faut, à la si reconnaissable boîte orange qui emballe ses produits, ni au ruban Hermès, pas plus que le monde du voyage de Vuitton ne se réduit au sigle « LV » marquant sa ligne dite « monogramme ». Enfin, l'éthique et l'esthétique du look Chanel ne se ramènent pas, comme nous le développerons [1], au sac matelassé à chaîne dorée qui est le *best-seller* de la marque, ni aux boutons siglés des « 2 C », même si, bien sûr, ces éléments de reconnaissance sont indispensables à l'identification de la marque.

La *distribution* peut, elle aussi, affirmer la double dimension éthique et esthétique du luxe. Le refus éthique du tout économique se manifestera dans la qualité du service et l'entière disponibilité à la clientèle, le temps qu'on lui accorde au moment de l'acte d'achat ou avant ou après. Nous avons souligné précédemment tout le soin porté par certaines marques à la formation de son personnel à la qualité de service et à la profusion de détails pris en compte. Même dans les sociétés de services de masse connues pour l'attention portée à la qualité de service, un tel « luxe » de détails [2] n'est pas leur éthique. Par exemple, en forçant le trait afin d'illustrer ce propos, McDonald's ne se préoccupe ni de la couleur des collants de son personnel ni du sens de présentation du sac contenant les hamburgers !... On comprend évidemment l'atout et l'importance que représente une distribution sélective ou sévèrement contrôlée.

Chanel contrôle régulièrement la qualité du service dans ses différents points de vente par des visites « mystère ». Dans ce cadre, des acheteuses, clientes de marques de luxe, ont pour mission d'acheter un produit de la

1. L'analyse de l'identité de Chanel fait l'objet du chapitre suivant.

2. Sur le rôle déterminant du « détail » et la problématique du détail en peinture, le lecteur peut se reporter à D. Arasse, *Le Détail. Pour une histoire rapprochée de la peinture*, Paris, Flammarion, coll. « Champs », 1996, ou à l'édition originale publiée en 1992 dans la collection « Idées et recherches ». En effet, le détail jusqu'au bout est un trait consubstantiel à la reconnaissance de l'œuvre figurative, tout comme à l'éthique et l'esthétique du luxe.

marque défini *a priori*, dans un point de vente déterminé ; pour l'une un sac, pour l'autre un foulard, pour une autre une paire de chaussures, etc. L'achat du produit sera remboursé contre l'envoi d'un questionnaire très détaillé, rempli par l'acheteuse et rendant compte de son évaluation des différents éléments définis par Chanel pour mesurer la qualité du service au rang desquels, par exemple, le temps d'attente de la cliente avant sa prise en charge par une vendeuse, la qualité de sa prestation, jusques et y compris le contrôle de la présence du parfum Chanel « N° 5 » dans les toilettes ou encore l'absence de toute trace de doigt sur les glaces des étagères présentant les produits.

Ferragamo garde en mémoire les pointures (longueur et largeur) des chaussures de ses clientes, pour leur proposer immédiatement, lors d'un prochain achat, la taille correspondante à leurs mesures.

Enfin, un système d'information et une logistique sophistiqués ont été mis au point par les hôtels Ritz-Carlton, enregistrant les moindres désirs de chacun de leurs clients, afin de leur assurer dans le monde entier des prestations extrêmement personnalisées, permettant d'« aller au-delà des attentes des clients et de satisfaire leurs désirs et leurs besoins sans qu'ils aient même à les exprimer [1] ». Dans un ordre d'idées, Estée Lauder, dans une relation de partenariat avec ses distributeurs, a développé au niveau mondial tout un système de suivi des approvisionnements et des stocks au point de vente, de

1. B. Speckhals, « Les enjeux de la fidélisation des clients : les systèmes d'information au service de la satisfaction », Ve Conférence annuelle des professionnels du luxe, Les Échos, en collaboration avec Coopers & Lybrand et le MBA Luxury Brand de l'Essec, Paris, 28 avril 1998. B. Speckhals est vice-président Information Systems Ritz-Carlton. Pour mémoire, la devise des hôtels Ritz-Carlton est : *« Exceed customer's non expected expectations »*.

façon à satisfaire les besoins des clients finaux, et des distributeurs [1].

Quant au souci de perfection synesthésique (dimension esthétique), c'est la boutique qui en témoignera, par son « ambiance », faite tout à la fois de sons, de parfums et de couleurs. Odeur de cuir, couleurs à dominante marron (bois et laiton), sacs marron reproduisant à la vue et au toucher « le cuir épi » chez Vuitton. Parfum « Angel » dans l'atmosphère des boutiques Mugler, lumière indirecte, couleur bleu glacier et mobilier noir et gris, que l'on retrouve dans tous les éléments de communication de la marque, tout en bleu froid, noir et argent, jusque dans les bâtiments du siège de la société et ses moquettes.

Recherche délibérée de synesthésie [2] avec l'exemple de la boutique Ralph Lauren de la place de la Madeleine à Paris, et qui se démarque de la tendance par sa reproduction d'un intérieur anglo-saxon traditionnel typique de la Nouvelle-Angleterre. On est loin de l'univers minimaliste dépouillé des marques japonaises à l'espace linéaire et aux lumières froides directes, tout comme du design moderne à dominante noir-gris-blanc-crème des marques italiennes.

C'est la même atmosphère recomposant un intérieur anglo-saxon traditionnel que l'on retrouve au siège de la société Ralph Lauren à New York. Dès que l'on sort de l'ascenseur de l'immeuble new-yorkais, on pénètre sur le

1. V. Veraart, « Les enjeux de la fidélisation des clients : les systèmes d'information au service de la satisfaction », Ve Conférence annuelle précédemment citée. Y. Veraart est vice-président de Systems and Logistics Estée Lauder International.

2. P. Hetzel, « Systemising the Awareness of the Consumer's Five Senses at the Point of Purchase : an essential challenge for marketing theory and practice », *Actes de la 24e Conférence de l'European Marketing Academy*, Paris, 1995, pp. 471-482 ; voir également, du même auteur, « La mise en scène de l'identité d'une marque de luxe sur son point de vente : l'approche expérientielle des magasins Ralph Lauren », *Revue française du marketing*, n° 187, 2002, 2, pp. 61-72.

palier, par un effet de sas et de coupure avec l'extérieur, dans l'univers Ralph Lauren, qui propose un *changement radical de lumière et de décor* : bronzes et tableaux anciens, acajou et palissandre, lumières indirectes. La salle d'attente des visiteurs recompose l'atmosphère d'un club anglais avec bibliothèques, livres, journaux, tableaux et leurs éclairages anciens, fauteuils et canapés en cuir Chesterfield marron-rouge, tapis, pots-pourris et bonbons à la menthe, etc. L'univers de la marque est donc décliné des boutiques au siège de la société, dans le monde entier.

Enfin, pour ce qui est du moment de la *consommation*, le refus du tout économique sera manifesté par la sophistication des conditionnements et par la « gratuité » des diverses petites attentions portées par la marque, soit lors de la première prise en main du produit, soit lors de ses utilisations ultérieures.

On peut citer ici les papiers de soie en plusieurs épaisseurs et différentes couleurs du parfum « Kenzo par Kenzo » dont la publicité dit : « Kenzo ça sent beau », les cartes destinées aux acheteuses du parfum « Angel » de Mugler, insérées dans de petites enveloppes aux couleurs de la maison et du parfum, et tissant des liens privilégiés entre la cliente et la marque. Le *packaging* du premier parfum de Boucheron, dont le flacon a la forme d'une bague, se présente comme un coffret à bijoux : un écrin.

Du papier de soie, des poches à chaussures individuelles en tissu protègent les souliers dans les boîtes à chaussures Ferragamo. Des cartes personnelles de garantie attestent le numéro du modèle du sac acheté chez Chanel ou chez Vuitton ; les exemples sont légion. La dimension synesthésique de la consommation de luxe se manifestera, elle, dans la réalisation, ou l'évocation, d'un univers sensible particulier au(x) moment(s) de jouissance de ce qu'offre le produit ou le service.

Piper-Heidsieck a choisi le rouge pour sa nouvelle identité visuelle, avec une volonté délibérément transgressive, répondant à l'objectif de devenir « la » marque de la nuit et clamant donc que « le rouge n'est pas la couleur de l'innocence », en écho au lancement de sa cuvée spéciale habillée par Jean-Paul Gaultier d'une robe de vinyle rouge. Et pour pousser la métaphore de la robe de couture, il faut déshabiller la bouteille, en délaçant le corset, pour pouvoir accéder au plaisir ! La marque utilise par ailleurs les supports presse « branchés » pour sa communication et se distribue dans les clubs les plus en vogue de la capitale, afin d'affirmer son positionnement.

La reconnaissance de cette double dimension éthique et esthétique du luxe amène à ne plus considérer comme un paradoxe le fait que celui-ci puisse être encore apprécié de nos jours et qu'il ne soit plus assimilé à un simple désir ou souci d'ostentation. En effet, le luxe peut répondre à un « besoin de sens » dans la mesure où, d'une part, il représente des valeurs rejetées et d'autres assumées et où, d'autre part, il suggère que les formes sensibles et les univers esthétiques proposés par les produits et les marques ne sont pas chose gratuite, qu'ils correspondent à des traditions, à des cultures ou encore à des choix de vie ou à des visions du monde.

Enfin, le fait que cette double dimension du luxe doive être assurée non seulement au stade de la production, mais aussi à ceux de la distribution et de la consommation, amène aussi à faire preuve d'une très grande rigueur et d'une extrême cohérence dans la gestion de la marque. À partir d'une légitimité issue soit d'un savoir-faire et d'une qualité d'exécution uniques, soit du talent exclusif et renouvelé d'un créateur, le développement et l'entretien d'un imaginaire cohérent, identifiable et unique supposent que tous les éléments de la chaîne de la valeur — création, production, mix-produit, prix, distribution et communication — traduisent et renforcent l'éthique et l'esthétique de la marque, dans le temps comme dans l'espace. Car, dans l'encombrement concurrentiel actuel, la logique du consommateur sera désormais, plus qu'auparavant, d'être fidèle à la marque si et seulement si celle-ci lui prouve qu'elle est fidèle à elle-même.

Dans les temps à venir, les marques se devront de respecter un double impératif : d'un côté, se renouveler sans cesse, en étonnant encore et encore le consommateur ; de l'autre, offrir des créations, une image, des valeurs, une vision du monde, s'imposant à l'œil et à l'esprit comme une évidence à partager.

IV
Luxe et temps des marques

LA GESTION DE L'IDENTITÉ DANS LE TEMPS

Pour montrer comment la définition de l'identité du luxe comme éthique et esthétique indissociables peut et doit être appliquée au niveau particulier de la marque, nous avons choisi le cas de Chanel, d'une part, et de Mugler, d'autre part[1]. Ce choix se justifie pour les raisons suivantes :

— D'abord, Chanel fait partie, quels que soient les pays, des références universelles du luxe, qu'il s'agisse des dernières études qualitatives ou de celles quantifiant la notoriété des marques de luxe au niveau mondial et mesurant leur désirabilité. Chanel figure toujours, en 2001, au « top cinq » des marques de luxe et s'impose comme une référence incontestable dans l'esprit de la clientèle, qu'elle soit régulière ou occasionnelle[2].

1. Ce chapitre avait été commencé avec Jean-Marie Floch, à partir de ses travaux sur l'identité de Chanel, dont certaines analyses sont présentées dans son ouvrage sur les identités visuelles *(op. cit.)*. L'écriture commune de ce chapitre revisité a malheureusement été interrompue par sa disparition prématurée.

2. Selon l'étude Risc Image 2000, réalisée, rappelons-le, auprès d'un échantillon de 12 500 personnes en Europe (Allemagne, Angleterre, Espagne, France, Italie) et de 3 000 aux États-Unis et au Japon.

— Ensuite, Chanel a réussi la transition créative tout en actualisant un style qui, au-delà des évolutions de tendances, rend la marque extrêmement reconnaissable au point de la rendre emblématique, pour ne pas dire mythique. Ainsi le magazine *Times* du 8 juin 1998 fait figurer Coco Chanel parmi les vingt artistes [1] et *entertainers* qui ont marqué le siècle. Citant une phrase de Malraux, la revue titre : « Pour le XXe siècle en France, trois noms resteront : de Gaulle, Picasso et Chanel. » Parmi l'ensemble des personnalités sélectionnées, c'est, avec Le Corbusier et Picasso, la seule française, et l'unique créatrice de mode. Elle ajoute : « Changeant la mode elle a modifié l'image qu'avaient les femmes d'elles-mêmes. » Le point de vue américain est à ce titre intéressant, puisque, au chapitre des styles ayant marqué le siècle, au-delà de Chanel, figurent, pour le « avant », Poiret, le « pendant », Dior, et le « après », Marie Quant, mère de la minijupe, Armani et... Nike !

— Chanel est également liée à l'histoire contemporaine américaine et à ses icônes tragiques : Marilyn Monroe et ses « quelques gouttes de "N° 5" », et Jackie Kennedy, dont le tailleur Chanel rose a été exposé aux yeux du monde entier, maculé du sang du Président assassiné.

— Enfin, la question de l'identité stylistique de Chanel est posée explicitement par Karl Lagerfeld dans les différents dessins et planches qui furent ses documents de travail. Le *total look* Chanel comme identité visuelle a fait l'objet d'une analyse sémiotique poussée

1. Les vingt artistes les plus marquants du siècle selon Times sont P. Picasso, Le Corbusier, C. Chanel, J. Joyce, T. S. Eliot, C. Chaplin, S. Spielberg, M. Brando, I. Stravinsky, les Beatles, B. Dylan, A. Franklin, L. Amstrong, F. Sinatra, Rodgers et Hammerstein, Lucille Ball, J. Henson, O. Winfrey, M. Graham, B. Simpson (le héros de dessins animés des années 1990 !), vol. 151, n° 23, p. 3.

par J.-M. Floch[1], avec lequel nous avons développé notre définition du luxe.

Cela revient à poser la question des invariants éthiques et esthétiques ayant procédé aux créations de Chanel et, donc, à analyser quelle a été, au travers de ses créations, sa conception de la mode et de la femme (dimension éthique) et quelle a été sa façon unique d'organiser l'univers du sensible par une silhouette particulièrement reconnaissable (dimension esthétique).

Si le *look* est un style d'ensemble, le *look* de Chanel qui organise la silhouette féminine peut être considéré comme un tout de signification. Il est ainsi possible d'analyser ce *look* de Chanel comme un discours vestimentaire grâce à la méthodologie sémiotique.

Les invariants esthétiques de Chanel

Une telle analyse permet de comprendre ce qui, au-delà de la disparition de la créatrice, a assuré la pérennisation de la marque grâce à une création renouvelée qui était en même temps ancrée dans l'identité de la marque.

La première dimension figurative du « *look* Chanel » consiste à identifier les motifs et figures vestimentaires qui le constituent, ainsi que leur signification dans le contexte ou « le système de la mode » de l'époque.

Ces éléments d'identification invariants sont pointés par Karl Lagerfeld en 1991 et reproduits dans le catalogue Chanel paru en 1993 en cinq planches[2] ; la première

1. La liberté et le maintien : éthique et esthétique du *total look* de Chanel, dans J.-M. Floch, *Identités visuelles*, *op. cit.*, pp. 108-144.

2. Ces planches sont également reproduites pp. 109 et 110, *ibid.*, ainsi que dans F. Baudot, *Chanel*, Paris, Éd. Assouline, 1996, mémoire de la mode (non paginé).

s'intitule : « Les éléments d'identification instantanée de Chanel » avec, en commentaire, « le patrimoine de Chanel ». On y distingue huit composantes clairement différenciées : 1) un escarpin beige à bout noir (1957) ; 2) le sac en cuir matelassé avec sa chaîne bandoulière dorée (1957) ; 3) la petite robe noire (1924) ; 4) une broche multicolore en forme de croix byzantine ; 5) la veste gansée du « tailleur Chanel » (1956) ; 6) un catogan ; 7) le camélia (1939) ; 8) le bouton doré marqué du double C.

Sur d'autres planches, Lagerfeld étudie sous forme de dessins les évolutions des créations de Chanel, avant de conclure dans une planche intitulée « Le triomphe de Coco » que dans les « années 50 la silhouette devient celle d'une femme moderne [...] le sac, les bijoux, la chaussure, le camélia, les boutons, les chaînes... tout est là. » Pour finir, dans un dessin de juin 1991, le couturier se met lui-même en scène, pensif, avec ses propres invariants esthétiques (lunettes fumées, catogan, éventail, fume-cigarette et appareil photo !) au milieu des éléments d'identification de Chanel tournoyant autour de lui et se demandant : « *Not what,... but how next ?* », tout en citant la fameuse phrase de Goethe : « faire un meilleur avenir avec les éléments élargis du passé [1] ». Ce n'est donc pas tant le « quoi » qui importe, mais bien de comprendre le « comment », de façon à pouvoir projeter ce « comment unique et invariant » dans une autre époque et un autre univers. Cela amène au cœur des invariants éthiques de Chanel.

1. F. Baudot, *Chanel*, *op. cit.* (pas de numéro de page).

Les invariants éthiques de Chanel

Héritier du patrimoine d'identification stylistique de Chanel, comme autant d'invariants esthétiques distinctifs, le couturier se demande donc comment reconnaître et projeter ces invariants éthiques spécifiques dans le monde contemporain. C'est tout le sens du *how*, qui recouvre l'autre facette de l'identité stylistique de Chanel, autrement dit sa vision de la mode, de la femme, celle-là même qui a présidé à ses créations. C'est cette vision que le sémioticien peut contribuer à mettre au jour, grâce à l'analyse de toutes les manifestations ou expressions de la marque depuis sa création. Ces invariants éthiques pertinents sont alors ceux qui sont uniques et qui donc s'appliquent à Chanel et à Chanel seulement. Cette démarche de recherche de l'identité du « *look* chanélien » confiée à J.-M. Floch est exposée dans ses essais consacrés aux identités visuelles. Nous en reprenons ici les grandes lignes, que nous avons largement exposées à nos étudiants comme modèle en la matière, ainsi qu'à des dirigeants d'entreprises en France ou à l'étranger comme support à leur réflexion sur l'identité des marques dont ils ont la charge.

Si l'on dresse une liste des pièces vestimentaires et des accessoires qui ont été inventés par Chanel ou qu'elle a intégrés dans son univers de création, on retrouve les éléments suivants :

— la marinière de marin (1913) ;
— le jersey (1916) ;
— le cardigan et les ensembles en tricot (1918) ;
— le pantalon (1920) ;
— la robe noire (1924) ;
— le blaser à boutons dorés (1926) ;
— le béret de marin (1926) ;

— le tweed (1928) ;
— les bijoux fantaisie (1930) ;
— le tailleur en tweed gansé et la ceinture dorée (1956) ;
— l'escarpin beige au bout noir et le sac matelassé et surpiqué avec sa chaîne dorée (1957) ;
— le catogan (1958).

Chacun de ces éléments s'inscrit dans un rejet des signes caractéristiques de la mode féminine de l'époque, dictée par le couturier Poiret, faisant de la femme un pur objet de décoration, enfermée dans une silhouette ampoulée entravant ses mouvements. Par contraste, on observe chez Chanel la récurrence de figures empruntées aux univers masculins du sport et du travail. Ainsi, Chanel rejette dans la mode féminine de l'époque tout ce qui ne correspond pas à une véritable fonction du vêtement : porter, marcher, travailler, courir, faire du sport... Pour elle, le vêtement doit servir, être pratique et confortable : « Je travaillais pour une société nouvelle. On avait habillé les femmes inutiles, oisives, des femmes à qui leur camériste devait passer les bras. J'avais désormais une clientèle de femmes actives, une femme active a besoin d'être à l'aise dans sa robe. Il faut pouvoir retrousser ses manches [1]. »

On lit également dans le livre de P. Morand : « En 1914 il n'y avait pas de robes de sport [...] elles étaient ceinturées très bas, entravées aux hanches, aux jambes, partout... En inventant le jersey, je libérais le corps, j'abandonnais la taille, je figurais une silhouette neuve ; pour s'y conformer, la guerre aidant, toutes mes clientes devinrent maigres, "maigre comme coco"... Les femmes venaient chez moi acheter de la minceur [2]. »

1. Cité dans J.-M. Floch, *Identités visuelles*, *op. cit.*, p. 112, et également, dans C. Delay, *Chanel solitaire*, Paris, Gallimard, 1983, p. 117.
2. P. Morand, *L'Allure de Chanel*, Paris, Herman, 1976, pp. 45-46.

Enfin, on relève plus loin : « J'ai créé la mode pendant un quart de siècle. Pourquoi ? Parce que j'ai su exprimer mon temps [...] je menais une vie moderne, j'avais les façons, les goûts, les besoins de celles que j'habillais ; j'ai fait la mode justement parce que je sortais, parce que j'ai la première vécu la vie du siècle [1]. »

Ainsi Chanel refuse-t-elle de faire des poches où l'on ne pourrait glisser ses mains, des boutons purement décoratifs et sans vraies boutonnières. Elle veille à ce que les jupes permettent de grandes enjambées, et que les dessous de bras et les dos des vêtements soient suffisamment larges pour faciliter les mouvements. Elle choisit le jersey et le crêpe pour leur souplesse. D'où la première dimension sémiotique du *look* de Chanel qui a pour contenu narratif récurrent la conquête d'une liberté individuelle, emblème même de la modernité décliné au féminin. Les différentes figures du *look* de Chanel parlent donc d'un sujet : la femme moderne et sa quête de liberté.

Deuxième dimension : les pièces et les matières utilisées n'ont de sens dans l'univers de l'époque qu'en opposition à celui de la mode féminine : le travail et le vêtement masculin. Ainsi, les signifiants du travail et de la masculinité (jersey, pantalon, gilet, tweed, béret, cravate, casquette, caban, marinière, etc.) ont été choisis pour être associés aux signifiés contraires : le luxe et le féminin. Il y a donc inversion des signifiants et des signifiés de l'identité sexuelle socialement définie alors. C'est grâce à cette inversion que Chanel s'est dotée de l'identité distinctive et singulière qui fut la sienne.

C'est la réponse au « comment » unique qui est dès lors formulée comme guide à la transition stylistique ; les créations devront répondre au même « comment » pour signifier encore et toujours Chanel... Prendre ce qui signifie mas-

1. *Ibid.*, p. 138.

culin et travail, et le transformer en son contraire, féminin et luxe, en revendiquant des valeurs de liberté féminine. Le talent renouvelé du créateur ou du directeur artistique de la maison Chanel peut ainsi proposer des ré-interprétations personnelles de cette éthique clairement identifiée et projeter des exécutions nouvelles de ce système de valeurs, en phase avec l'époque... Liberté aujourd'hui plus affirmée et revendiquée, plus agressive ou plus ludique et décalée ! On comprend alors parfaitement le clin d'œil fait en 1993 par Chanel au slip Kangourou, symbole, s'il en est, du travailleur ordinaire masculin, qui, marqué des « 2 C », devient luxe au féminin !

Le *look* de Chanel ne s'analyse pas uniquement au niveau figuratif, par des signes d'identification, mais également au niveau plastique, dans l'organisation et la combinaison des éléments qui composent la silhouette comme système d'ensemble. Si l'on compare la silhouette « Chanel » aux références de l'époque, celle de Poiret des années 1920 et celle de Dior des années 1950 [1], elle se caractérise par quatre éléments : 1) un effet de clôture ; 2) la prédominance de linéarité ; 3) la localisation des masses circonscrite aux accessoires ; 4) le chromatisme.

— L'effet de clôture : le look Chanel produit l'effet d'une clôture de la forme générale. Cet effet est dû à l'attaque très franche de la silhouette grâce au bout noir des escarpins. Sol et silhouette sont dissociés. Si le beige de l'escarpin allonge la jambe, le bout noir souligne la structure fermée de l'ensemble du *look*. Le même souci de clôture se traduit par la netteté du dessin de la coiffure : cheveux courts, catogan, canotier, casquette, béret.

1. Sur la silhouette « Dior » et sur le style de M. Dior, on peut se reporter à M.-F. Pochna, *Christian Dior*, Paris, Flammarion, 1994, ou à la monographie qu'elle lui a aussi consacrée, aux Éditions Assouline (1996).

— La linéarité : le privilège est donné à la ligne. Elle se traduit par le gansé du tailleur, le dessin du col, la délimitation des poches et par la présence d'une ceinture, du tombé du vêtement assuré par un « plombage » des vestes grâce à une chaîne dorée cousue sur la doublure. Ce privilège donné à la ligne assure la découpe de la silhouette et sa situation dans l'espace.

— La localisation des masses : là où se trouvent les accessoires, camélia, bracelets, colliers, agrafes, broches, pendentifs, cascades de perles, chaîne, etc., autant d'éléments parfaitement délimités mais toujours foisonnants.

— Le chromatisme : le chromatisme de Chanel est particulier ; il joue sur la lumière à travers les couleurs des vêtements et des accessoires. Les vêtements se déclinent dans les teintes de beige, bleu marine, blanc ou noir. Les accessoires reposent sur l'or des ceintures et des agrafes, le gris des perles, l'éclat des diamants montés sur platine, la couleur chatoyante des pierreries.

Chanel : conjonction du classique et du baroque

J.-M. Floch caractérise l'esthétique de Chanel comme duale, « classique » pour le vêtement et « baroque » pour les accessoires ; nous rappellerons ici brièvement ce que recouvrent ces deux conceptions distinctes.

Wölfflin différencie les deux visions cohérentes opposées que sont « le classique » et « le baroque » à travers cinq critères : 1) la façon de traiter le sujet : linéaire en plans distincts pour le classique, par opposition à la primauté donnée aux masses et aux enchaînements pour le baroque ; 2) le traitement en plans séparés typique du classique, alors que le baroque privilégie la profondeur et l'impossibilité de découpages en plans distincts ; 3) le recours aux formes fermées pour le classique alors que le baroque valorise l'ouverture ; 4) la pluralité que l'on peut décomposer en éléments autonomes dans la vision classique, à l'opposé de la totalité indivisible dans la vision baroque, et, enfin, 5) la façon de traiter la lumière [1].

On voit donc bien, selon ces critères, que Chanel a les caractéristiques d'un « classique ». L'analyse des invariants « chanéliens » montre des constantes et une persévérance ; l'esthétique classique de Chanel renvoie à une éthique du maintien : gestuelle, port de tête, rôle du cou et des épaules, tombé, plombé des vêtements. L'agencement de la silhouette est l'expression de cette éthique classique du maintien, voire d'une certaine rigidité.

Le style de Chanel se caractérise, en somme, par la complémentarité de la liberté et du maintien, du classique et du baroque, et qui se déclinera dans l'extension de la marque dans les parfums, avec des parfums classiques, comme le « N° 5 » ou « Allure », et des parfums baroques, comme « Coco ». Dans chaque cas, on est en phase avec l'identité de la marque.

1. H. Wölfflin, *Principes fondamentaux de l'histoire de l'art* [1916], dernière éd. fr., Paris, Gérard Montfort, 1992. Sur la distinction « classique *versus* baroque », voir également H. Wölfflin, *Renaissance et baroque*, Paris, Gérard Monfort, 1985, et V. Tapié, *Baroque et classicisme*, Paris, Pluriel, Le Livre de poche, 1980. Pour une synthèse rapide, on peut se reporter à J.-M. Floch, *Sémiotique et marketing, sous les signes les stratégies*, Paris, P.U.F., 1990, pp. 64-75, et du même, *Identités visuelles, op. cit.*, pp. 120-138, pour l'application classique-baroque.

Thierry Mugler : créativité, innovation et respect de l'identité de la marque

Les marques qui ont leur légitimité dans la couture ont, depuis Chanel et Dior, traditionnellement cherché des réservoirs de croissance et de profits en étendant leur marque aux parfums. D'où l'importance stratégique d'un lancement réussi.

Un deuxième cas, celui de Mugler, répond en écho à celui de Chanel. Il montre combien les facteurs clés de succès des extensions de marque dépendent de la conciliation paradoxale d'un marketing créatif, novateur, voire transgressif, par rapport aux codes et pratiques de la concurrence, avec le plus grand respect des racines et de l'identité de la marque.

Si l'on applique l'analyse de l'identité proposée plus haut au cas spécifique de l'extension de la marque Thierry Mugler dans les parfums, on voit que le paradoxe est parfaitement réconcilié ; on pouvait dès lors, à l'époque, prévoir que ce parfum, lancé hors des sentiers concurrentiels rebattus, serait un succès. Nous allons présenter une rapide analyse de l'identité de Mugler, décomposée en invariants éthiques et esthétiques, pour montrer ensuite en quoi le lancement du premier parfum de la marque était en totale adéquation avec son identité, tout en étant à la fois en rupture créative par rapport aux règles du jeu concurrentiel de l'époque.

Si l'on analyse les différentes collections et les manifestations de la marque Mugler — des créations à leur communication —, on peut dégager des invariants systématiques dans sa vision et sa représentation de la femme. La femme

Mugler est une femme de pouvoir, pouvoir sur son propre corps qu'elle contraint, pour affirmer son pouvoir de séduction dominatrice sur les hommes. C'est une femme fatale, à la sexualité revendiquée, et qui va « jusqu'au bout de ses fantasmes » : déesse autoritaire, maîtresse-femme corsetée, altière et accessoirisée — cravaches, badines, cannes, baguettes, etc. « Je crée des vêtements que les femmes porteront dans des aventures imaginaires », dit plus pudiquement le créateur, avant d'ajouter : « J'adore les femmes qui sont capables d'aller très loin... »

La vision de la mode Mugler peut donc être qualifiée de mise en scène d'héroïnes type, qui vont jusqu'au bout de leurs fantasmes, femmes sûres de leur pouvoir sur leur corps qu'elles contraignent pour mieux asservir les hommes. Cette vision se traduit dans une esthétique particulière qui est invariante chez Mugler, faisant que ses créations sont reconnues à leur façon unique de traiter la silhouette. Ce style se caractérise par sa silhouette très structurée aux attributs hypertrophiés : épaules de nageur, taille de guêpe, hanches rebondies, jambes interminables, seins bombés. Enfin, la fameuse étoile fait partie intégrante de l'identité de Mugler : bague étoile, mais surtout tatouage en forme d'étoile qui marque le corps du créateur. L'étoile est omniprésente dans la signature de la marque : sur les pressions remplaçant les boutons des vêtements, mais tout autant dans la symbolique du danseur étoile, pour qui a, comme le couturier, une formation de danseur classique. Conception du corps probablement inspirée par les contraintes qu'impose la discipline classique au corps pour le magnifier et le sublimer, et, bien sûr, par la fascination des stars de cinéma américain des années 1950, qui ont fait rêver les hommes de sa génération.

Rupture créative, voire transgressive, par rapport aux pratiques de la concurrence, le lancement du parfum

Angel, tel est son nom, a su réinterpréter l'essence même du métier de parfumeur. Alors que la plupart des lancements s'appuient sur une publicité massive, les responsables de la marque Mugler ont choisi une voie radicalement différente : celle des distributeurs. Ils ont placé la cliente et le parfumeur-prescripteur au centre de leurs préoccupations et de la politique de lancement. Un véritable *road show* a été organisé avec des camions à l'américaine et des défilés de mode dans les villes où le parfum était présenté. Les conseillères des parfumeries — autrement dit les vendeuses — ont été formées par la marque non pas à un argumentaire de vente standardisé, mais à trouver leurs propres mots pour communiquer leur ressenti du parfum. Ce parfum, radicalement différent de la tendance, légère et transparente d'alors, s'appuie sur un concept fort et universel : la dualité féminine *mi-ange, mi-démon, femme fatale et petite fille...* Son jus peut être qualifié de « segmentant », que « l'on adore ou déteste », comme la mode de Mugler. Ce jus « bleu » ose, comme l'univers de Mugler, affirmer sa différence. À la fois sensuel dans sa note orientale et innocent par son rappel d'odeurs nostalgiques d'enfance (chocolat), le jus traduit lui-même parfaitement la dualité du concept : perversion-sensualité et innocence-enfance.

La déclinaison de l'identité de Mugler est ensuite sans faille à la fois cohérente et innovante : le nom, Angel, compris dans le monde entier ; la forme du flacon, étoile à cinq branches ; le jus bleu ; la communication presse qui affirme « méfiez-vous des anges » ! Angel a donc su affirmer son identité dans la différence et a depuis ouvert la voie à une nouvelle famille de fragrance, qui n'existait pas au préalable et qui, sur le marché français, a réussi à détrôner en 1998 le mythique « N° 5 » de Chanel de sa place de *leader* des ventes.

C'est également le premier lancement de parfum qui a introduit dans le secteur sélectif les méthodes du marketing relationnel, permettant de créer des liens particuliers entre la marque et la cliente. Cette innovation respectait parfaitement les codes de perfection du luxe et l'identité visuelle de Mugler. Couleur, grammage et qualité du papier « Conquéror », autant d'attentions adaptées aux exigences et attentes des consommatrices. Transgression, innovation et respect vont donc ici de pair, permettant de tisser des relations inédites entre la cliente et la marque, lui garantissant dès lors un succès sans précédent, où le prix importe finalement peu ! Les résultats de cette philosophie tout à la fois créative et ancrée au plus près de l'identité de la marque sont incontestables :

— un comportement de prescription élevé de la part des parfumeurs et des vendeuses ;

— un taux de réachat fort par « ressourcement » du flacon en parfumerie, qui n'aurait pas pu être rentabilisé autrement, compte tenu de ses coûts de production. Un flacon, produit de façon semi-artisanale, donc unique, ne se « jette » pas, il se garde, on se l'approprie, au point d'aller le remplir de nouveau à la source ;

— une forte fidélité des clientes ;

— une connaissance du profil des clientes, grâce à l'expérience de Clarins, et la création d'un fichier documenté ;

— des suggestions de création de nouveaux produits, *via* le site web de la marque ;

— une augmentation de la notoriété de la marque.

Au total, un renforcement du capital de la marque et plus de 162 millions d'euros de chiffre d'affaires pour les parfums Mugler en 2001 ! Cas d'école dont de nombreux concurrents s'inspirent désormais pour leurs propres lancements. Ce parfum de niche a su se hisser au niveau du mythe. En 2002, Angel est toujours numéro un du marché français, ce qui en fait, dix ans après son lancement, une référence et un nouveau classique.

Cet exemple associé à celui de Chanel montre en quoi l'analyse et la gestion créative de l'identité de marque est l'une des clés du succès. Une conclusion s'impose envers et contre tout : les grands classiques s'inscrivent toujours dans la durée, au-delà des modes et des lancements éphémères ou « tendances », pour faire partager leur univers unique.

CONTINUITÉS ET DISCONTINUITÉS

En prolongeant cette perspective, il est possible de distinguer quatre grandes manières, par lesquelles les marques de luxe gèrent leur relation au temps. Puisque ce qui différencie une marque de luxe d'une marque de mode, c'est son inscription dans la longue durée, au-delà des cycles éphémères de la mode, le rapport au temps est au principe même de la gestion de l'identité stylistique des marques. Cette relation au temps peut schématiquement être présentée à partir des catégories du discontinu et du non-discontinu, du continu et du non-continu [1].

1. Sur la pertinence de ces distinctions temporelles comme catégories d'analyse sémiotique structurale, on peut se reporter aux définitions d'A. Greimas et de J. Courtés, *Sémiotique : dictionnaire raisonné*, *op. cit.* (éd. de 1986), p. 68, et (éd. de 1993), p. 67 ; voir également les applications à l'espace proposées par J.-M. Floch, *Sémiotique et marketing*, *op. cit.*, pp. 33 sq., ou à la différenciation du classique et du baroque dans *Identités visuelles*, *op. cit.*, pp. 127-131. Ces mêmes catégories ont aussi été appliquées à l'analyse des discours publicitaires des marques de montres de luxe : D. Bertrand, « Approche sémiotique du luxe : entre esthétique et esthésie », *Revue française du marketing*, n° 187, 2002, 2, pp. 73-82. La classification proposée ici est une adaptation libre d'après B. Rémaury, « Imaginaire de mode » (conférence pour la chaire LVMH), Essec, 28 février 2001, et de S. Warnier, « Mode et temps : la légitimité des griffes créatives », *Repères mode et textile*, Institut français de la mode, 1996, pp. 94-105.

La première stratégie observable est celle qui met l'accent sur le temps *discontinu*, c'est-à-dire sur l'absence de référence au passé de la marque ou à son avenir. Cela se traduit chez le « créateur » par une logique de défi permanent qui, à chaque collection, tel un champion de boxe, va remettre son titre en jeu, avec une prise de risques maximale, systématique, spectaculaire et récurrente. À chaque saison c'est une histoire différente, racontée différemment au gré des emballements d'un univers émotionnel et créatif paroxystique. C'est actuellement le cas, quoi qu'on puisse en dire, de John Galliano, créateur pour la femme chez Dior, qui n'est pas dans une logique de « filiation », pas plus qu'il n'est le « dauphin » de M. Dior et de la marque portant son nom. Il raconte sa propre histoire ou décline sa vision personnelle de la mode, du vêtement, voire du costume, avec une logique de défi et de surenchère systématiques. La marque ne s'appelle plus désormais Christian Dior, mais Dior, et l'or de D(i)or a laissé place à l'argent. Certains, mal intentionnés, vont jusqu'à dire que l'or se transforme en argent *(money)* des caisses enregistreuses !

La stratégie contraire est celle de *non-discontinuité*[1] : dans ce cas, la marque est dans une logique de transmission de l'héritage et de la tradition. La règle est donc de respecter ce qui a toujours été et de « surtout ne rien changer ». C'est le cas de marques dites patrimoniales, où le poids de l'histoire prime. Si cette philosophie correspond aux marques à légitimité traditionnelle, au sens de Max Weber, et si elle est adaptée aux marques s'appuyant sur un savoir-faire manufacturier à préserver, elle peut risquer de fossiliser une marque à l'origine et à la légitimité créa-

1. Le terme adapté, selon le vocabulaire technique sémiotique et les oppositions sémantiques correspondantes, serait non pas « contraire » mais « contrariété ». Pour la compréhension du lecteur nous préférons garder « contraire ».

tive, dès lors que la marque va s'instaurer en « institution », risquant de ne plus produire que des copies d'elle-même, de plus en plus pâles, en se répétant sans capacité à se réinventer, se régénérer ou encore se projeter dans une autre époque que celle de ses origines. Mais c'est également une stratégie de marque qui vise à se pérenniser dès lors que le créateur fondateur quitte la maison qu'il a créée et qu'un dauphin lui succède, en prolongeant l'identité stylistique originelle reçue en héritage. C'est le cas d'une marque comme Versace qui, au-delà de la disparition de son créateur-fondateur, garde toujours la même identité stylistique déclinée à l'identique : le baroque décadent, avec de fortes références à la mythologie antique (méduses, gorgones, méandres) et à l'ascension sociale de « blondes » peroxydées, sexy *show-off*, limite mauvais goût !

Cette non-discontinuité permet ainsi à la marque de garder son identité et sa clientèle, de traverser à la fois une période minimaliste et une période ultérieure, plus flamboyante et « logoïsée ».

Un troisième type de culture privilégie la *continuité*. Il peut s'agir dans un cas d'orchestrer l'émergence, l'affirmation, puis la consolidation de l'esthétique de la marque lorsqu'elle est de création assez récente, comme Armani ou encore Mugler. Il peut s'agir, dans un autre cas, de la régénération d'une marque plus ancienne, confrontée à une transition créative, c'est-à-dire à un changement de créateur qui doit savoir projeter l'éthique de la marque dans une nouvelle époque, ou un nouvel univers par extension, tout en étant à la fois créatif et fidèle à ses racines, ses valeurs et, donc, à son identité. Le meilleur exemple est celui de Chanel, où l'éthique et l'esthétique de la fondatrice ont été réinterprétées au goût du jour et de façon renouvelée par Lagerfeld, comme nous l'avons précédemment montré. Cette gestion de l'identité permet d'enrichir et de ressourcer la marque en lui permettant de traverser les époques. C'est actuellement ce que tente Burburry. Cette position est sans doute la plus favorable et illustre une gestion réussie de l'identité d'une marque dans le temps.

Enfin, la relation de la marque au temps peut être *non continue*. On est ici dans une logique délibérée de coupure, de rupture avec le passé et le créateur fondateur. L'histoire d'avant est interrompue, et l'on est dans le registre des « coups d'États » et des « coups d'éclat »... On « casse tout » pour mieux (?) recommencer comme à zéro, du passé faisant table rase. On bénéficie cependant du capital de notoriété et d'image de la marque. L'exemple le plus récent et le plus emblématique est celui de la prise de pouvoir de Tom Ford chez Saint-Laurent. Le créateur fondateur s'en va, un autre prend sa place. Il impose sa vision et son univers, qu'il avait déjà affirmés avec succès chez Gucci, dont la plupart des invariants esthétiques avaient alors été abandonnés pour ne garder que le reconnaissable logo. Stratégie, ô combien risquée, du type « ça passe ou ça casse », et qui demande un chef d'orchestre ou un *merchandiser* talentueux. Il doit être capable de gérer l'identité de la marque qu'il doit savoir ré-inventer, reconstruire et « re-wamper ».

Cette analyse permet de différencier des logiques de marque dans leur relation au temps. Mais cette analyse en quatre temps peut également prendre en compte différentes étapes du développement d'une même marque, depuis l'époque de sa fondation, afin d'illustrer comment s'est faite son évolution créative. On peut ainsi positionner les différentes phases de la vie d'une marque, de sa création à nos jours.

Si l'on prend l'exemple Saint-Laurent qui a fait ses adieux cette année à la maison qui porte encore son nom, il faut se souvenir à quel point l'homme et ses créations ont pu être au début scandaleux, affirmant une position iconoclaste, voire transgressive, pour l'époque : s'exposer nu pour le lancement d'un parfum (1971), faire explicitement référence à la drogue, en appelant un parfum « Opium » et orchestrer l'addiction avant l'heure en invitant les femmes à s'adonner à «YSL», mettre en scène, grâce au photographe Helmut Newton interposé, des modèles de femmes saphiques et travesties en hommes (1975). Ses créations faisaient alors l'objet de commentaires plus que désobligeants — « mode pour putes et femmes de rien »... Ce même créateur est désormais fêté comme une « institution », le dernier gardien du temple « haute couture », voire « le dernier des couturiers », lit-on aujourd'hui à son sujet !

De même, le cycle de vie de la marque Chanel peut être analysé selon le même parcours. À son début, Chanel a été délibérément en rupture avec les couturiers dominants et les silhouettes de l'époque de femmes à aigrettes enveloppées dans de longs manteaux, entravant leurs mouvements et cantonnant la femme dans un rôle d'objet de décoration (non-continuité), pour imposer sa vision de la mode et de la femme. Elle se pose en révolutionnaire. Cocteau, son ami, l'a bien compris, lui qui croque deux silhouettes opposées, celle que crée Poiret et celle que lui oppose Chanel, puisqu'il illustre ainsi son propos : « Poiret s'éloigne, Chanel arrive[1] ! » : « Je me demande pourquoi je me suis lancée dans ce métier, pourquoi j'y ai fait figure de révolutionnaire. Ce ne fut pas pour créer ce qui me plaisait, mais bien pour démoder ce qui me déplaisait... Je me suis servie de mon talent comme explosif[2]. » Après cette phase, la

1. J. Cocteau, Lithographie [1928], dans Collection privée, soixante-dix illustrations des sociétés du comité Colbert, 1929.
2. P. Morand, *L'Allure de Chanel*, *op. cit.*, p. 143.

marque est passée à la « continuité » pour imposer peu à peu ses invariants et, plus tard, n'être plus associée qu'aux bourgeoises conformistes d'un certain âge en tailleur Chanel (non-discontinuité). Ce pour mieux se réinventer avec un nouveau créateur régénérant et revitalisant l'éthique et l'esthétique de la marque et contribuant à en faire une des marques les plus désirables et profitables au niveau mondial.

Enfin, ces catégories « continuité *versus* discontinuité » permettent de différencier les marques qui correspondent à « un fait de mode » : discontinuité, non-continuité, de celles qui répondent à un *fait de style* : continuité, non-discontinuité.

Une marque classée comme *fait de mode* se distingue, selon Floch [1], par « ce à quoi cette marque est reconnue », c'est-à-dire ses invariants esthétiques identifiables et lisibles à un moment donné. Elle affiche ostensiblement ses codes, lesquels vont être adoptés car en phase avec une époque donnée, mais inscrivent quelque part cette marque dans l'éphémère. En revanche, *le fait de style* traduit l'inscription de la marque dans la durée par les valeurs ou l'éthique qui président à ses créations, et dont la projection dans le temps d'unités repérables identifiables (esthétique) ne sont que la conséquence.

Ces mêmes catégories permettent également de distinguer les marques qui privilégient uniquement les signes, voire les codes, ou l'esthétique (ce à quoi la marque est reconnue de façon superficielle), de celles qui valorisent le sens, les valeurs distinctives de la marque ou son éthique, comme nous l'avons défini plus haut et qui préside à ses créations, productions et manifestations. Citons ici Flau-

1. J.-M. Floch, *Identités visuelles*, *op. cit.*, p. 137.

bert : c'est « la continuité [qui] constitue le style », ou encore Chanel : « La mode passe, le style reste ! »

*

Aujourd'hui, le secteur du luxe et ses acteurs sont pris dans un certain nombre d'enjeux qui sont la conséquence paradoxale de leur réussite : trouver le juste équilibre entre la structuration des activités permettant de faire jouer les synergies et les économies d'échelles entre les affaires, tout en stimulant et développant l'innovation et la créativité, dans le respect de l'identité de chacune des marques ou des maisons.

Dès lors que les grandes maisons déclineront l'identité de leur(s) marque(s) de façon cohérente, dans les différents secteurs où elles exercent leur créativité, les clientèles ne se cannibaliseront pas et, au contraire, renforceront le développement et la désirabilité des marques. Ainsi, les parfums, le maquillage, les accessoires de mode renforcent la visibilité, le pouvoir et les ressources des marques, permettant ainsi de financer la création dans les autres domaines. Inversement, l'identité et la légitimité de la marque établie, par exemple, dans la couture ou la joaillerie viennent nourrir l'univers et les nouveaux concepts dans le domaine des parfums ou du maquillage, jusqu'au bâton de rouge à lèvres.

Le marketing a pénétré ce nouveau secteur au service de la valorisation de la créativité des marques, mais il faudra que le luxe continue à « creuser la distance » avec les produits et les marques de consommation courante. En particulier dans le secteur des cosmétiques et des produits de soins, car les grands groupes mondiaux, présents dans les deux secteurs, contribuent à réduire l'écart, en augmentant sans cesse la qualité de l'offre des produits de grande consommation.

Le marketing n'avait pas sa place il y a une dizaine d'années dans les sociétés du luxe qui refusaient, à l'époque, jusqu'au terme même de marque ! Seule la création était valorisée, en particulier dans les maisons françaises. Sous l'effet de la concurrence américaine, mais aussi de la concurrence italienne, qui est à la fois très créative et à l'écoute des attentes du marché, la nécessité d'intégrer la rigueur du raisonnement *marketing* s'est imposée comme une nouvelle évidence, afin d'orchestrer la cohérence de l'offre créative des marques.

Bien entendu, la place et le rôle du marketing varient aujourd'hui selon les secteurs ; il est clairement plus fort et central dans le domaine des parfums, des cosmétiques, des produits de soins, ou encore dans celui des vins et spiritueux, qu'il ne l'est dans le domaine de la mode ou des accessoires. Le rôle du marketing est d'abord un rôle d'étude et d'*audit* sur l'identité de la marque, sur les comportements et les aspirations des consommateurs et des clients, mais aussi sur les résultats des ventes et des concurrents. Il a également un rôle de communication et d'interface avec les directeurs artistiques et créateurs pour leur transmettre, si nécessaire, ces éléments d'identité et factuels, pour qu'ils interprètent ces éléments selon le répertoire ou l'univers créatif qui est le leur. Il a, enfin, un rôle de développeur de nouveaux concepts et de nouveaux produits, dont il doit orchestrer le lancement et la réussite dans le respect de l'identité et des valeurs de la marque, tout en créant à chaque fois la surprise, l'étonnement, gage de plaisir, d'émotion, d'émerveillement ainsi que de succès.

Le marketing conjugue donc à la fois créativité et rigueur des procédures de travail, au service de la valorisation de la création renouvelée et du client, car, enfin, le luxe consiste non pas à se « caler dans la tendance », mais à la créer ! Tout comme nous sommes, non pas dans une logique alternative, comme il y a dix ans, opposant marketing et création, mais dans une logique de conjonction : orientation client, orientation créative, donc marketing *et* création ou création *et* marketing.

ANNEXES

Tableaux et repères

Liste des maisons membres du comité Colbert et année de création

Baccarat 1764	Château Cheval Blanc 1832	Ercuis 1876	Hôtel Georges-V 1928	Lalique 1910
Bernardaud 1863	Château Lafite-Rothschild 1855	Flammarion 1875	Hôtel Plaza-Athénée 1911	Lancôme 1935
Bollinger 1829	Château d'Yquem 1786	Giens 1821	Hôtel Ritz 1898	Parfums Lanvin 1925
Boucheron 1858	Christian Dior 1947	Givenchy 1951	Hôtel Royal Évian 1909	Laurent Perrier 1812
Breguet 1775	Parfums C. Dior 1948	Parfums Givenchy 1957	Jean Patou 1919	Lenôtre 1957
Bussière 1924	Christofle 1830	Guerlain 1828	Parfums Jean Patou 1925	Léonard 1943
Caron 1904	Courvoisier 1835	Guy Laroche 1957	Jean-Louis Sherrer 1971	Lesage 1870
Céline 1946	D. Portault 1924	Hédiard 1854	Jeanne Lanvin 1889	Louis Roederer 1776
Chanel 1912	Daum 1875	Hermès 1837	John Lobb 1899	Louis Vuitton 1845
Parfums Chanel 1924	Delisle 1895	Parfums Hermès 1948	Krug 1843	Manuel Canovas 1963
Charles 1908	Didier Aaron 1923	Hôtel Crillon 1909	Lacoste 1933	Maubussin 1827

Liste des maisons membres du comité Colbert et année de création

Mellerio dit Meller 1613	Oustau de Baumaniere 1945	Rémy Martin 1724	Ruinart 1729	Taillevent 1946
Michel Guerard 1965	Pierre Balmain 1945	Révillon 1723	Saint Louis 1767	Van Cleef & Arpels 1906
Nina Ricci 1932	Pierre Frey 1935	Robert Havilland 1924	Souleiado 1780	Parfums Van Cleef & Arpels 1976
Parfums Nina Ricci 1945	Puiforcat 1820	Rochas 1925	ST Dupont 1872	Veuve Clicquot 1722

Depuis, Thierry Mugler a rejoint le comité Colbert en 1996-1997. Le groupe de cosmétiques Clarins, qui contrôle la société, annonçait fin 2002 la cessation des activités du pôle couture de Thierry Mugler.

Date de création des maisons de couture et de prêt-à-porter

	1900-1920	1921-1940	1941-1960	1961-1970	1971-1980	1981-1990
France	Lanvin	Balenciaga Chanel Grès Hermès*	Balmain Cardin Carven Céline Dior Féraud Givenchy Laroche	Courrèges Lapidus Rabanne Sonia Rykiel Scherrer YSL Torrente Ungaro	Castelbajac J.-P. Gaultier Montana Mugler Tarlazzi Chantal Thomas	Alaïa Lacroix Lagerfeld
Italie		Fendi	Krizia	Valentino	Armani Trussardi Versace Ferre	Gucci* Gigli
USA				Geoffrey Benne O. de la Renta Ralph Lauren Calvin Klein		

Source : McKinsey, « Douze propositions pour étendre le leadership des marques françaises », *op. cit.*, p. 5-2, et également Hubert Joly (1991). Industrie du luxe : rebondir sur la crise, leviers pour le succès des années 1990, *Revue française du marketing*, 132-133, p. 100.

* Date de lancement du prêt-à-porter et non pas de la maison ; Hermès a été fondée en 1837 et Gucci en 1920, par exemple.

Achevé d'imprimer
sur Roto-Page
par l'Imprimerie Floch
à Mayenne, le 17 avril 2003.
Dépôt légal : avril 2003.
Numéro d'imprimeur : 56679.

ISBN 2-07-071053-X / Imprimé en France.

123607